TEXTE LESEN INHALTE VERSTEHEN

Karin Haas

Ein systematisches Training zur Lesekompetenz

Arbeitsmaterialien
für die Sekundarstufe 1

Verlag an der Ruhr

Impressum

Titel: **Texte lesen – Inhalte verstehen**
Ein systematisches Training zur Lesekompetenz

Autorin: Karin Haas

Druck: Druckerei Uwe Nolte, Iserlohn

Verlag: **Verlag an der Ruhr**
Alexanderstraße 54 – 45472 Mülheim an der Ruhr
Postfach 10 22 51 – 45422 Mülheim an der Ruhr
Tel.: 02 08/439 54 50 – Fax: 02 08/439 54 239
E-Mail: info@verlagruhr.de
www.verlagruhr.de

ISBN 978-3-86072-736-2

geeignet für die Klasse 5 6 7 8 9 10

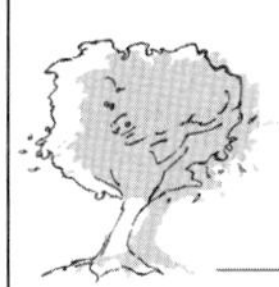

Ein weiterer Beitrag zum Umweltschutz:

Das Papier, auf das dieser Titel gedruckt ist, hat ca. ***50% Altpapieranteil,*** *der Rest sind* ***chlorfrei*** *gebleichte Primärfasern.*

Die Schreibweise der Texte folgt der neuesten Fassung der Rechtschreibregeln – gültig ab August 2006.

Inhalt

Vorbemerkung

Die Lesebausteine habe ich für meine Schülerinnen und Schüler der Rudolf-Roß-Gesamtschule in der Hamburger Innenstadt entwickelt, von denen zwei Drittel Deutsch als Zweitsprache sprechen. Auf die Idee kam ich zusammen mit meiner Kollegin Silvia Baedeker während einer gemeinsamen „Deutsch als Zweitsprache"-Fortbildung am Hamburger Institut für Lehrerfortbildung im Schuljahr 1999/2000.
Silvia Baedeker leitet eine bilinguale deutsch-portugiesische Klasse in der Primarstufe unserer Schule, und mit ihr gemeinsam habe ich erste konzeptionelle Vorstellungen zur Leseförderung an unserer Schule entworfen, die ich dann für die Sekundarstufe I in Form der Lesebausteine weiterentwickelt und konkretisiert habe.
Die erste Fassung der Bausteine (10 Bausteine) habe ich in der zweiten Hälfte des Schuljahres 2000/2001 vollständig in einer 5. und 6. Klasse „ausprobiert", Teile davon in einer 7., 8. und 9. Klasse.
Bedanken möchte ich mich bei meinen Kolleginnen und Kollegen Anke Schöttelndreier, Holger Storck und Bilge Yörenc für ihre beratende Unterstützung bei der Arbeit an den Bausteinen.
Die jetzt vorliegende Fassung der Bausteine beruht auf einer erneuten Überarbeitung 2002 unter Berücksichtigung einiger Aussagen der PISA-Studie im Bereich der Lesekompetenz.

Besonderer Dank gilt meinen Kindern Franziska und Felix und meinem Lebensgefährten Hartmut Ring für die solidarische Unterstützung während meiner Arbeit zu Hause und die technische Hilfe bei der Erstellung des Manuskripts.

Karin Haas

Liebe Schülerin, lieber Schüler!

Leseverstehen ist nicht selbstverständlich. Fast alle Schülerinnen und Schüler, nicht nur die mit einer anderen Muttersprache als Deutsch, haben Schwierigkeiten mit dem Lesen. So kam ich auf die Idee, diese Lesebausteine zu entwickeln, in der Hoffnung, dir das Verstehen von Texten zu erleichtern.

Besonders ab der 5. Klasse – zum Teil schon in der 4. Klasse – musst du im Unterricht immer mehr und immer längere Texte lesen und verstehen können. Im Deutschunterricht liest du Geschichten, Märchen oder sogar schon längere Romane. Und auch im Sach- und Musikunterricht kommen Texte vor, aus denen du Informationen entnehmen musst, die dich manchmal auch besonders interessieren und in denen du weiterlesen möchtest. In den Fächern Politik, Geschichte, Naturwissenschaften, Kunst und Arbeitslehre sind Texte, neben anderen Medien, wichtige Wissensquellen und sogar im Fach Mathematik sind Textaufgaben zu lösen.

Aber nicht nur in der Schule, sondern auch in der Freizeit ist deine Lesekompetenz gefragt: Beim Lesen in Jugendzeitschriften, Tageszeitungen, Illustrierten oder im Videotext. Gerade diese Medien sind ideal, um sich über Politik, Sport oder aktuelle Ereignisse zu informieren, aber auch, um einfach entspannt zu schmökern.

Diese Bausteine können dir helfen, Texte besser zu verstehen, besonders Sachtexte im Fachunterricht oder in Zeitschriften. Je früher du damit beginnst, das Textverständnis zu üben, desto besser kannst du dann später mit Texten verschiedener Art umgehen und dadurch deine Leistungen in allen Fächern verbessern. Einige Tipps und Hinweise zur Textarbeit kennst du vielleicht schon aus anderen Schulbüchern oder aus deinem bisherigen Unterricht. Dann kannst du sie hier noch einmal üben und in Verbindung mit weiteren Methoden anwenden.

Die **ersten sechs Bausteine** sind so aufgebaut, dass du zunächst einfache Hilfen für das Textverständnis erhältst: **Überschriften, Abbildungen, Textsorte beachten und unbekannte Wörter klären** – entweder mit dem Wörterbuch oder aus dem Textzusammenhang. An dieser Stelle ist es auch sinnvoll, erste **Fragen an den Text** zu stellen, so genannte **W-Fragen**, damit du beim zweiten Lesen schon genauer auf den Inhalt achten kannst. Falls du eine andere Muttersprache als Deutsch sprichst, kannst du bei unbekannten Wörtern überprüfen, ob es Ähnlichkeiten zu deiner Muttersprache gibt oder ob es Wörter sind, die in vielen Sprachen vorkommen.

Die **nächsten fünf Bausteine** geben dir **methodische Hilfen** für das genauere Textverständnis und leiten dich zu einer **gründlichen Textarbeit** an. Das ist für dein Leseverständnis in der Schule, aber auch in deiner

Fortsetzung ➲

Liebe Schülerinnen und Schüler!

➲ Fortsetzung

Freizeit sehr wichtig. Dazu ist es unbedingt notwenig, den Text noch ein zweites Mal zu lesen.

Beim **Baustein 7 und 8** lernst du, genauer auf **Konjunktionen** und **Personalpronomina** zu achten, wodurch dir das Verstehen von Texten erleichtert wird. In **Baustein 9 und 10** geht es darum, **Zwischenüberschriften als Gliederungs- und Verständnismethode** für Texte zu finden und **Schlüsselbegriffe** herauszuarbeiten. Im **Baustein 11** kannst du ausprobieren, wie man zum Textinhalt ein **Cluster**, eine **tabellarische Übersicht** oder ein **Baumdiagramm** erstellt. Durch deine Notizen prägst du dir den Textinhalt besser ein und kannst so im Unterrichtsgespräch recht schnell auf das Gelesene zurückgreifen.

Im letzten **Baustein 12** sollst du dir einen **Überblick über alle Bausteine** verschaffen. Alle Bausteine werden noch einmal kurz vorgestellt und können nun selbstständig von dir an einem Text angewendet werden.
Mit Hilfe einer **Lernkontrolle am Schluss** kannst du überprüfen, ob du bei der Textarbeit sicherer geworden bist.
Die einzelnen Bausteine sind so aufgebaut, dass in einem Merkkasten am Anfang die wichtigsten Inhalte dieses Bausteins zusammengefasst werden. Das solltest du lernen und anwenden können!
In jedem Baustein kannst du mit Hilfe von Aufgaben und Übungen an einem Textbeispiel nachvollziehen, wie du mit diesem Baustein dein Textverständnis verbessern kannst. Zur Überprüfung deines Textverständnisses sind in die Bausteine Multiple-Choice-Aufgaben und andere Lernkontrollen eingebaut. Hier kannst du überprüfen, ob du den Inhalt der Texte genau verstanden hast. Im Lösungsteil findest du die richtigen Antworten zu allen Aufgaben. Je weniger Fehler du machst, desto sicherer ist dein Textverständnis.

Du kannst diese Bausteine selbstständig durcharbeiten oder aber in einer Gruppe mit gegenseitiger Hilfe oder einer Anleitung durch die Lehrkraft. Male zu jedem Baustein ein buntes Schriftplakat und hänge es als Gedächtnisstütze in deinem Zimmer oder in der Klasse auf. Beginne möglichst schon in der 5. Klasse mit den Bausteinen. Du wirst merken, dass sie dir, wenn du für eine Klassenarbeit lernen oder eine schriftliche oder mündliche Hausarbeit anfertigen musst, sehr hilfreich sein können. Auf **Seite 7** findest du ein Arbeitsblatt, auf dem alle Bausteine in Form eines Hauses dargestellt sind. Auf diesem „Lesebausteinhaus" kannst du dir noch einmal das Wichtigste zu jedem Baustein notieren. Hänge es in der Klasse oder zu Hause an deinem „Leseplatz" auf, damit du beim Lesen kontrollieren kannst, ob du auch an alles gedacht hast.

Viel Erfolg beim Lesen und Lernen wünscht dir
Karin Haas

Das „Lesebausteinhaus"

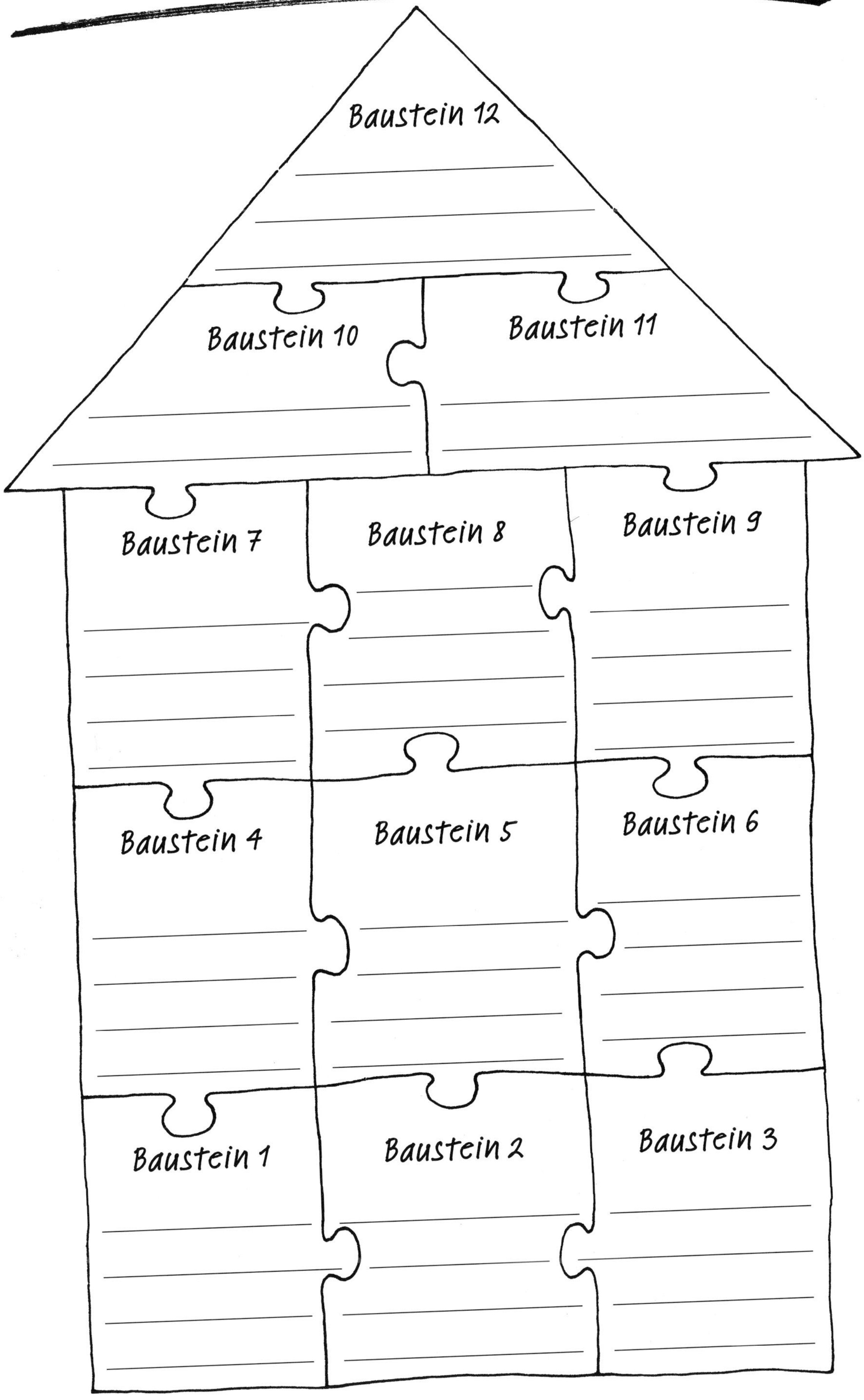

Postfach 102251
45422 Mülheim an der Ruhr
www.verlagruhr.de

Überschrift lesen – Thema erkennen

Überschriften helfen, das Thema des Textes herauszufinden

Die **Überschrift** eines Textes ist sehr wichtig. Sie informiert dich über das Thema des Textes und gibt dir erste Hinweise zum Inhalt. Wenn du Wörter in der Überschrift nicht kennst, helfen dir die ersten Sätze des Textes meistens weiter.

Oft kommt es vor, dass du über das Thema schon etwas gehört, gelesen oder im Fernsehen gesehen hast oder du hast eigene Erfahrungen oder Erlebnisse dazu. Dann hast du ein Vorwissen über das Thema. Dieses **Vorwissen** kannst du aktivieren und zum Textverstehen nutzen.

Um Texte besser zu verstehen, ist es also sinnvoll, immer folgende zwei Schritte zu machen:

1. **Schritt: die Überschrift lesen**
2. **Schritt: dein Vorwissen aktivieren und Vermutungen über den Textinhalt anstellen**

1. Lies die Überschrift des Textes auf S. 10!
Was weißt du über das Thema?

____

____

____

____

2. Was glaubst du, steht im Text?

____

____

____

____

3. Lies nun den ganzen Text „Eis am Stiel“ auf S. 10!

4. Welche deiner Vermutungen waren richtig?

____

____

____

Postfach 102251
45422 Mülheim an der Ruhr
www.verlagruhr.de

**5. Lies nun den Text ein zweites Mal und kreuze die richtigen Sätze an.
Es können auch beide Lösungen richtig sein.**

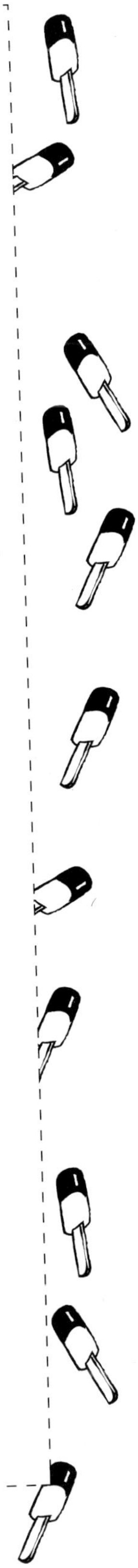

(A) Der Junge, der 1905 das Eis am Stiel entdeckt hatte, kam
- ☐ **1.** aus Deutschland.
- ☐ **2.** aus Kalifornien.

(B) Frank Epperson trank ein Glas Limonade
- ☐ **1.** auf der Veranda.
- ☐ **2.** im Garten.

(C) Limonade gab es damals
- ☐ **1.** nur in Flaschen und Dosen.
- ☐ **2.** nur selbst angerührt.

(D) Frank hatte in seinem Glas eine Mischung aus
- ☐ **1.** Orangen- und Zitronensaft.
- ☐ **2.** Wasser, Soda und Fruchtgeschmack.

(E) Es ist nicht überliefert, ob Frank sein Glas draußen stehen ließ,
- ☐ **1.** weil er Fußball spielen ging.
- ☐ **2.** weil er von seiner Mutter zum Essen gerufen wurde.

(F) Das Gemisch im Glas war
- ☐ **1.** über Nacht draußen gefroren.
- ☐ **2.** von einer Katze aufgeschleckt worden.

(G) Am nächsten Morgen sah Frank, dass im Glas
- ☐ **1.** nichts mehr war.
- ☐ **2.** ein kühler Block am Löffel war.

(H) Frank hatte durch seine Vergesslichkeit
- ☐ **1.** das erste Eis am Stiel erfunden.
- ☐ **2.** eine Firma gegründet.

(I) Frank gründete eine eigene Eisfirma,
- ☐ **1.** 18 Jahre später.
- ☐ **2.** als er 18 Jahre alt war.

(J) Franks Firma stellte Stieleis
- ☐ **1.** in sieben verschiedenen Ländern her.
- ☐ **2.** in sieben verschiedenen Fruchtsorten her.

1 Überschrift lesen – Thema erkennen

Eis am Stiel

Knapp eine Milliarde Stück Eis am Stiel schlecken allein deutsche Schleckermäuler jedes Jahr. Was würden die wohl tun, wenn Frank Epperson besser Acht gegeben hätte?

Der Junge aus Kalifornien war elf Jahre alt, als er eines Tages im Jahre 1905 auf der Veranda vor seinem Haus saß, in der Hand ein Glas Limonade. Die gab es damals weder in Dosen noch in Flaschen. Wer Lust auf Limo hatte, musste sie sich selbst anrühren. Mit Wasser, Soda und Fruchtgeschmack.

So eine Mischung hatte auch Frank im Glas. Was als Nächstes geschah, ist nicht überliefert. Vielleicht ging er mit einem Kumpel Fußball spielen. Oder seine Mutter rief zum Essen. Fest steht: Frank ließ das Glas samt Rührlöffel stehen. Eine lange, kalte Nacht lang.

Als er es am nächsten Morgen wiederfand, war das Gemisch gefroren. Und trotzdem sehr lecker und erfrischend, wie der Junge erstaunt feststellte, als er den kühlen Block am Löffel aus dem Glas zog und daran zu lecken begann – am ersten Eis am Stiel der Welt.

18 Jahre später gründete Frank Epperson eine Firma. Die stellte Stieleis in sieben Fruchtsorten her und machte den vergesslichen Jungen wohl zum Multimillionär.

Geolino. Hamburg, Mai 2002, S. 58.

Abbildungen betrachten – Inhalt erschließen

Abbildungen geben Hinweise zum Inhalt

In Schulbüchern, Jugendromanen und Zeitschriften sind zu den Texten oft **Abbildungen** abgedruckt. Auch du hast zu deinen Geschichten sicher schon Bilder gemalt und gezeichnet oder zu Bildern Geschichten geschrieben.

Abbildungen geben dir Hinweise zum Thema eines Textes und können dir helfen, Texte besser zu verstehen. Sie können dich auch neugierig darauf machen, was in dem dazugehörigen Text steht.

1. Schaue dir die Abbildung der „Route zum Mount Everest“ genau an! Vermute: Was könnte das Thema eines dazu passenden Textes sein?

2. Lies nun die Überschrift und den Beginn des Textes auf S. 14! War deine Vermutung richtig? Welches Thema hat der Text?

___

___

___

___

___

___

___

___

___

___

___

Route zum Mount Everest

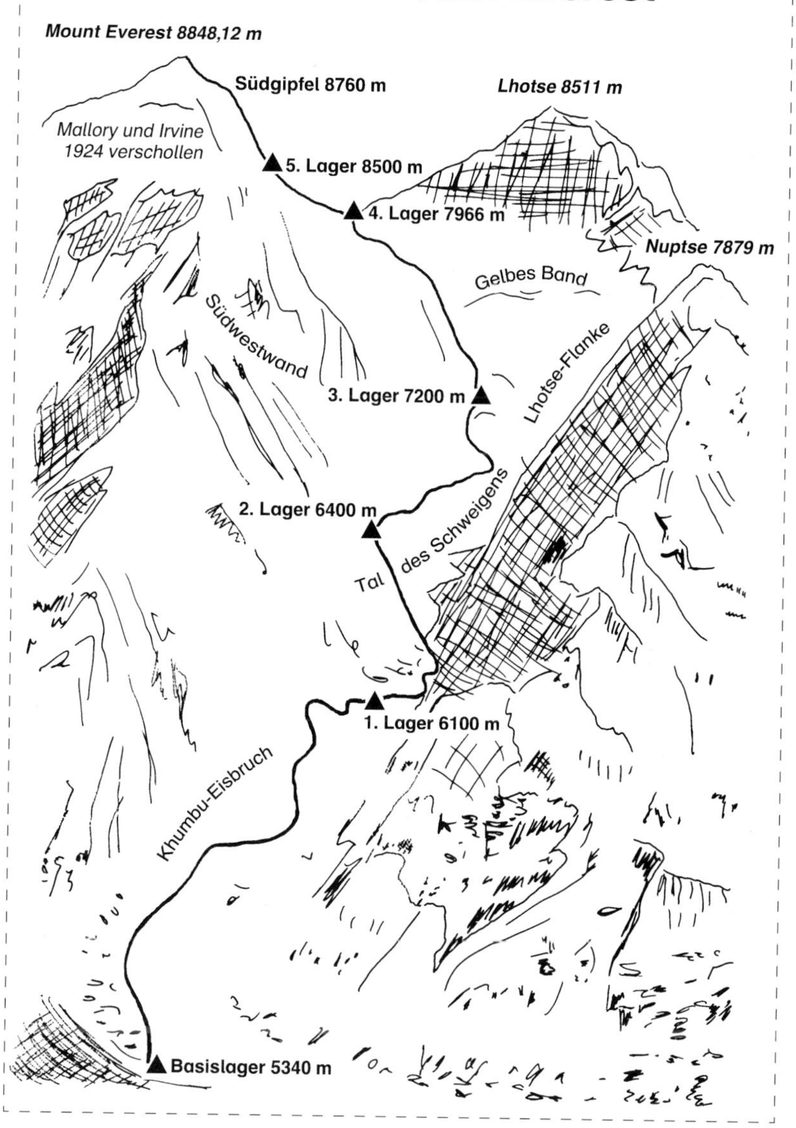

3. Lies nun den ganzen Text!

Postfach 102251
45422 Mülheim an der Ruhr
www.verlagruhr.de

2

Abbildungen betrachten – Inhalt erschließen

4. Lies den Text noch einmal durch und kreuze an, welche Sätze mit dem Inhalt des Textes übereinstimmen.

A

☐ 1. Reinhold Messner ist ein Österreicher.
☐ 2. Reinhold Messner hat sich der österreichischen Expedition angeschlossen.
☐ 3. Der Mount Everest liegt in Österreich.

B

☐ 1. Alle Männer der Expedition besteigen die Gipfel ohne Atemmasken.
☐ 2. Nur Reinhold Messner und Peter Habeler haben Atemmasken.
☐ 3. Reinhold Messner und Peter Habeler wollen ohne Atemmasken den Gipfel des Himalaya besteigen.

C

☐ 1. Das Basislager liegt nicht so hoch wie die Alpen.
☐ 2. Das Basislager liegt unter dem Gletscher.
☐ 3. Das Basislager liegt höher als die höchsten Alpengipfel.

D

☐ 1. Der Weg über den Gletscher ist ungefährlich.
☐ 2. Bei dem Aufstieg zum Gipfel des Mount Everest muss man über einen Gletscher, dessen Spalten sich plötzlich öffnen können.
☐ 3. Der Weg über den Gletscher ist gefahrlos, weil die Männer Steigeisen benutzen.

E

☐ 1. Der Südsattel ist einfach zu erreichen.
☐ 2. Der Südsattel ist so gefährlich, dass man dort stirbt.
☐ 3. Den Südsattel nennt man „Todeszone". Hier haben schon viele Expeditionen aufgegeben.

F

☐ 1. Reinhold Messner und Peter Habeler kehren am Südsattel um.
☐ 2. Reinhold Messner und Peter Habeler besteigen den höchsten Punkt der Erde vom Südsattel aus ohne weitere Übernachtung.
☐ 3. Die beiden Bergsteiger treffen nie mehr im Basislager ein.

Postfach 102251
45422 Mülheim an der Ruhr
www.verlagruhr.de

2 Abbildungen betrachten – Inhalt erschließen

5. Beantworte mit eigenen Worten nun folgende Fragen zum Text!

a) Wer hat den Mount Everest 1978 bestiegen?

b) Was erfährst du über das Experiment der Bergsteiger?

c) Welche Gefahren mussten die Bergsteiger überwinden?

d) Wodurch ist das Experiment geglückt?

6. Nun sieh dir zum Schluss noch einmal die Abbildung zum Text an! War sie dir bei deinem Textverständnis eine Hilfe? Begründe deine Meinung und schreibe sie in dein Heft.

7. Zeichne eine andere Abbildung zum Text oder mache einen Vorschlag, welche Abbildung auch zum Text gepasst hätte!

Zu den Gipfeln der Erde

Frühjahr 1978: Eine österreichische Expedition will den Mount Everest besteigen, den höchsten Berg der Erde. Reinhold Messner und Peter Habeler haben sich der Expedition angeschlossen. Sie wollen etwas Besonderes versuchen: einen Gipfelaufstieg ohne Sauerstoff-Flaschen, ohne Atemmasken! Das hat vor ihnen noch niemand gewagt. Alle anderen Männer der Gruppe führen Atemgeräte mit. Die meisten halten Messners und Habelers Plan für unmöglich.

Die Schwierigkeiten sind auch so groß genug: Schon das Basislager liegt höher als der höchste Alpengipfel. Die Aufstiegsroute führt durch den gefährlichen Khumbu-Eisbruch, einen zerbrochenen Gletscher. Weil der Gletscher sich jeden Tag um einen Meter bewegt, können plötzlich haushohe Eiswände einstürzen; Spalten öffnen sich.

Im „Tal des Schweigens" sind die Gefahren etwas geringer. Aber dann kommt die steile Lhotse-Flanke, zum Teil aus blankem Eis. Jeder Schritt mit den Steigeisen muss sicher sitzen. Und dann der Südsattel, der „ungemütlichste Campingplatz der Welt"! Stürme fegen über die Hochfläche. Temperaturen um –35° oder –40°C.

Hier beginnt die „Todeszone", wie die Bergsteiger sagen. Eine Nacht im Zelt auf dem Südsattel – das halten die meisten Männer nur mit Atemgerät aus. An dieser Stelle haben schon viele Expeditionen aufgegeben.

Für Reinhold Messner und Peter Habeler gibt es nur eins: vom Südsattel aus ohne weitere Übernachtung den Gipfel besteigen und dann sofort wieder hinunter. Und sie schaffen es!

Am 8. Mai stehen sie auf dem höchsten Punkt der Erde. Zwei Tage später treffen sie wieder im Basislager ein.

Arnold Schultze u.a. In: Terra Geographie 5/6 für Hamburg. Stuttgart 1991, S. 68.

3

Textsorte bestimmen – Text einschätzen

Die Textsorte hilft, einen Text einzuordnen

Täglich kommst du in der Schule oder in deiner Freizeit mit **verschiedenen Arten von Texten** in Berührung: Du liest vielleicht eine spannende Geschichte, oder du willst dich in der Zeitung oder im Videotext über die Ereignisse des Tages informieren. Es kann auch sein, dass du im Unterricht einen Sachtext über das Leben der Kinder in anderen Ländern liest.

Jede dieser Textsorten hat eine andere Bedeutung für dich, und es ist wichtig, schnell zu erkennen, welche Textsorte du vorliegen hast. Dann kannst du dir deine Erfahrungen und dein Vorwissen über diese Textsorte in Erinnerung rufen und beurteilen, ob der Text für dich nützlich ist und deine Erwartungen erfüllt.

1. **Du hast 8 verschiedene Textsorten bekommen.** **Text 1** bis **Text 8**, S. 20–21
   Lies dir diese Texte durch und überlege, zu welcher der folgenden Textsorten sie gehören:
   Fabel, Wetterbericht, Sachtext, Märchen, Zeitungsmeldung, Erlebnisgeschichte, Gedicht, Fantasiegeschichte.

2. **Lies nun die Texte ein zweites Mal und trage in die Tabelle die Textnummer ein, die zu der jeweiligen Textsorte gehört:**

Textsorte	Text-Nr.
Fabel	
Wetterbericht	
Märchen	
Sachtext	
Fantasiegeschichte	
Zeitungsmeldung	
Erlebnisgeschichte	
Gedicht	

3. **Schreibe die Textsorten in der Reihenfolge der Zahlen 1–8 untereinander:**

Wenn du die markierten Buchstaben von unten nach oben aufschreibst, findest du das Lösungswort. Es ist eine weitere Textsorte in der Mehrzahl.

Lösungswort: ______________________________

3 Textsorte bestimmen – Text einschätzen

4. **Schreibe auf, was du über die jeweilige Textsorte weißt und was du von ihr erwartest:**

Fabel: ______________________________

____

Wetterbericht: ______________________________

____

Märchen: ______________________________

____

Sachtext: ______________________________

____

Fantasiegeschichte: ______________________________

____

Zeitungsmeldung: ______________________________

____

Erlebnisgeschichte: ______________________________

____

Gedicht: ______________________________

____

5. **Kennst du weitere Textsorten? Wenn ja, dann schreibe sie in dein Heft und erkläre genauer, was das Besondere an ihnen ist!**

6. **Für Leute, die gerne Geschichten schreiben:**
   Schreibe die Fabel, das Märchen, die Fantasiegeschichte oder die Erlebnisgeschichte weiter.
   Wähle eine der vier Textsorten aus! Schreibe in dein Heft!

7. **Für Leute, die gerne Gedichte schreiben:**
   Schreibe ein Gedicht zum Thema Freundschaft!

8. **Für Leute, die gerne Gedichte lernen:**
   Lerne das Gedicht „Wir" von Irmela Brender (Text 5 auf S. 20) auswendig!

Geheimcode Katalogsprache

Eine weitere Textsorte, der wir alle täglich begegnen, ist der **Werbetext**. In Zeitungen, Zeitschriften, Werbeprospekten, aber auch im Fernsehen und Radio versprechen professionelle Werbetexter uns das Blaue vom Himmel. Vielleicht habt ihr euch auch schon einmal von der Werbung verführen lassen und seid möglicherweise enttäuscht worden.

- Das neue Fruchtgummi schmeckt gar nicht so natürlich fruchtig, wie in der Werbung angekündigt, sondern eher künstlich.
- Beim Besuch eines Freizeitparkes stellt ihr fest, dass das Gelände viel kleiner ist, als im Werbeprospekt beschrieben.

Deshalb ist es wichtig, nicht nur aufmerksam zu lesen, sondern auch zu überlegen, was sich hinter einer bestimmten Beschreibung in Wirklichkeit „verstecken" könnte. Dieses Lesen bezeichnet man auch als „zwischen den Zeilen lesen". Du musst den Text hinterfragen, genau lesen und überlegen, was mit den Worten genau gemeint ist.
Auch Abbildungen können oft irreführend sein: Fotos können zum Beispiel aus bestimmten Perspektiven aufgenommen oder nachträglich verändert werden. Das kann dazu führen, dass Realität und Foto nichts mehr miteinander zu tun haben. Deshalb ist es wichtig, mit einer gehörigen Portion Skepsis an solche Werbetexte heranzugehen. Werbeprofis tricksen gerne in ihren Texten, um Produkte möglichst ansprechend zu beschreiben.

Lage: Zentral, in direkter Nähe der Fussgängerzone. Zum Strand ca. 80 m. **Ausstattung:** Beliebtes Hotel mit 78 Zimmern. Rezeption, klimat. Aufenthalts-/TV-Raum und Restaurant, Bar, 2 Lifts. Garten. **Fitness:** Kleiner Swimmingpool (8 x 5 m) mit Liegebetten (inkl.). Fitnessraum, Leihfahrräder. Gegen Geb.: türkisches Bad, Massagen, Schönheitszentrum. **Unterhaltung:** Animation in der Hochsaison. **Kinder:** Spielplatz. **Zimmer:** Gut, mit Bad oder Dusche, WC, Föhn, Telefon, Sat.-TV, Safe, Minibar, Klimaanlage (ca. € 5,-/Tag). Balkon. **Verpflegung:** Halb- oder Vollpension (Frühstücksbuffet, Menüwahl, täglich Vorspeisen-, Gemüse- und Dessertbuffet).

9. Lies den Text „Riviera della Luce – Porto Bello" auf S. 21. Wofür wird hier geworben?

© Verlag an der Ruhr
Postfach 102251
45422 Mülheim an der Ruhr
www.verlagruhr.de

Textsorte bestimmen – Text einschätzen

10. Lies nun den Text ein zweites Mal! Überprüfe anhand der folgenden Sätze, ob du auch zwischen den Zeilen lesen kannst! Versuche herauszufinden, was sich wirklich hinter den unterstrichenen Formulierungen verstecken könnte, und kreuze an.

(A) Der aufstrebende Ferienort

- ☐ **1.** Der Ferienort ist einer der besten in der Region.
- ☐ **2.** Der Ferienort vergrößert sich und es gibt überall Baustellen.
- ☐ **3.** Der Ferienort bietet viele Unterhaltungsmöglichkeiten.

(B) verkehrsgünstig und zentral

- ☐ **1.** Das Hotel liegt direkt an der Hauptverkehrsstraße.
- ☐ **2.** Das Hotel befindet sich in einer ruhigen Seitenstraße mitten im Zentrum von Porto Bello.
- ☐ **3.** Das Hotel liegt außerhalb des Ortes inmitten eines Pinienwäldchens.

(C) Die Altstadt erreichen Sie in etwa 15 Minuten.

- ☐ **1.** Die Altstadt liegt 15 Minuten zu Fuß vom Hotel entfernt.
- ☐ **2.** Zur Altstadt sind es etwa 2 km.
- ☐ **3.** Die Altstadt erreicht man in 15 Minuten. Man weiß aber nicht, ob zu Fuß, mit dem Fahrrad oder mit dem Auto.

(D) beheizbarer Swimmingpool

- ☐ **1.** Der Swimmingpool ist immer beheizt.
- ☐ **2.** Der Swimmingpool wird nur im Winter beheizt.
- ☐ **3.** Der Swimmingpool kann beheizt werden.

(E) hell und freundlich eingerichtete Zimmer

- ☐ **1.** Alle Zimmer liegen zur Sonnenseite.
- ☐ **2.** Die Zimmer sind einfach ausgestattet.
- ☐ **3.** Alle Zimmer haben weiße Möbel.

(F) Alle Zimmer sind auf der Meerseite.

- ☐ **1.** Alle Zimmer liegen auf der Meerseite, haben aber nicht zwingend Meerblick, da sich zwischen Meer und Hotel z.B. Hochhäuser befinden könnten.
- ☐ **2.** Alle Zimmer haben Meerblick.
- ☐ **3.** Das Hotel liegt direkt am Strand.

(G) Sie können im Hotel Billard und Tischtennis spielen.

- ☐ **1.** Sie können im Hotel kostenlos Billard und Tischtennis spielen.
- ☐ **2.** Sie können im Hotel gegen Gebühr Billard und Tischtennis spielen.
- ☐ **3.** Das Hotel veranstaltet Billard- und Tischtennis-Wettbewerbe.

Postfach 102251
45422 Mülheim an der Ruhr
www.verlagruhr.de

Textsorte bestimmen – Text einschätzen

11. Finde noch weitere Formulierungen für einen Urlaubskatalog, hinter denen sich etwas anderes verbirgt, als es auf den ersten Blick erscheint.
Ihr könnt dazu auch im Reisebüro nach Urlaubskatalogen fragen und in diesen Katalogen nach „versteckten“ Werbetricks suchen.

12. Schreibe einen Werbe- oder Katalogtext für ein Produkt deiner Wahl. Du kannst dazu auch etwas zeichnen, aufkleben und so ein komplettes Werbeplakat entwerfen. Oder du schreibst den Text für einen Fernsehspot. Die Werbespots könnt ihr euch in der Klasse gegenseitig vorstellen oder sie auch mit der Videokamera aufzeichnen und euch später angucken.

3 Textsorte bestimmen – Text einschätzen

Text 1

Es war einmal ein armer Schneider. Der hatte eine wunderschöne Tochter. Leider hatte er so wenig Aufträge, dass er weder seine Frau noch seine Tochter ernähren konnte. Das kränkte seinen Stolz sehr, zumal er sein Handwerk sehr gut beherrschte. Er wünschte sich nichts sehnlicher, als für viele Kunden Kleider und Anzüge nähen zu können.

Text 2

Ein 28-jähriger Multimillionär aus Südafrika ist am Donnerstagmorgen zu einem zehntägigen Flug vom Weltraumbahnhof Baikonur in Kasachstan ins All gestartet. Ein russischer und ein italienischer Astronaut sind mit an Bord. Die russische Raumkapsel Sojus TM-34 brauchte nur neun Minuten, um in die Erdumlaufbahn zu gelangen. Der Weltraumtourist ist der erste Afrikaner im Weltall. Er hat für den Flug 20 Millionen Dollar bezahlt.

Text 3

Die Gesamtmenge des Wassers auf der Erde bleibt immer gleich und befindet sich in einem ständigen Kreislauf: Das Wasser aus den Oberflächengewässern, den Meeren und den Niederschlägen verdunstet und auch die Pflanzen geben ständig Feuchtigkeit ab. Wenn dieses verdunstete Wasser aufsteigt, kühlt es ab, und es bilden sich Wolken.

Text 4

Drei Ruderboote lebten an einem Bootssteg mitten in einer großen Stadt. Sie waren Freunde und froh, dass sie dort lagen, denn im Sommer war dort immer etwas los. Man konnte sie stundenweise mieten, und besonders toll fanden sie es, wenn sie möglichst lange ausgeliehen wurden. Dann fuhren sie durch viele Kanäle, vorbei an prächtigen Häusern und Gärten. Wenn sie dann wieder an ihrem Steg angelangt waren, erzählten sie sich oft lustige Geschichten und konnten sich kaum halten vor Lachen.

Text 5

Wir
Ich bin ich und du bist du.
Wenn ich rede, hörst du zu.
Wenn du sprichst, dann bin ich still,
weil ich dich verstehen will.
Wenn du fällst, helf ich dir auf,
und du fängst mich, wenn ich lauf.
Wenn du kickst, steh ich im Tor,
pfeif ich Angriff, schießt du vor.
Spielst du pong, dann spiel ich ping,
und du trommelst, wenn ich sing.
Allein kann keiner diese Sachen,
zusammen können wir viel machen.
Ich mit dir und du mit mir –
das sind wir.

Irmela Brender, Gedichte für Anfänger. Hrsg. v. Joachim Fuhrmann, Rowohlt Taschenbuch Verlag, Reinbek 1980, S. 20.

Text 6

Heute ist es überwiegend heiter mit Temperaturen zwischen 12 und 16 Grad. In der kommenden Nacht kühlt es sich bis auf 5 Grad ab und die Bewölkung nimmt zu, zeitweise Regen oder Graupelschauer. In den frühen Morgenstunden lockert sich die Wolkendecke wieder auf, und milde Meeresluft sorgt für Temperaturen bis zu 20 Grad.

3 Textsorte bestimmen – Text einschätzen

Text 7

Ich mag sehr gerne Hunde, aber ich darf keinen eigenen Hund haben, da mein Vater eine Allergie gegen Tierhaare hat. Deshalb leihe ich mir oft den Dackel Biene von Frau Lehmann, unserer Nachbarin, aus. Ich gehe meistens mit ihm in den großen Park, der fünf Minuten von unserer Wohnung entfernt liegt. Am letzten Wochenende war ich wieder mit Biene auf der großen Wiese und spielte mit ihr. Plötzlich kam ein schwarzer Schäferhund gerade auf uns zugeschossen.

Text 8

Ein Eichhörnchen sah, wie eine Taube im Baum ihr Nest baute. Das Nest sollte genau an der Stelle entstehen, wo das Eichhörnchen immer seinen Kobel für den Winter baut. Behände lief es zur Taube und rief bewundernd: „Oh, was baust du dir da für ein schönes Nest! Und welch einen guten Platz du dir ausgesucht hast!“ Die Taube blickte das Eichhörnchen erstaunt an.

Riviera della Luce – Porto Bello

Ihr Urlaubsort: In Porto Bello geht es zwar noch etwas ruhiger zu als in den benachbarten Ferienorten, aber auch hier hat sich in den letzten Jahren eine ausgedehnte Gastronomie niedergelassen. Der aufstrebende Ferienort bietet diverse Einkaufsmöglichkeiten, Bars und Restaurants. Porto Bello gilt noch als echter Geheimtipp in dieser Region und ist der ideale Ausgangspunkt für Ausflüge in die Umgebung.

Hotel Primo Sole

Lage: Verkehrsgünstig und zentral gelegen befindet sich Ihr Hotel an der Piazza Grande. Die Altstadt erreichen sie in etwa 15 Minuten. Zum öffentlichen, breiten Sandstrand sind es 2 km.
Ausstattung: Ihr Hotel verfügt über 50 Zimmer. Zur Einrichtung gehören eine große Empfangshalle mit Rezeption, Lift, Fernsehzimmer, Restaurant und Shops sowie ein Friseur. In der Außenanlage finden Sie einen großen beheizbaren Swimmingpool mit separatem Kinderbecken und eine Sonnenterrasse mit Liegen und Sonnenschirmen.
Zimmer: Hell und freundlich eingerichtete Zimmer, mit Dusche/WC, Klimaanlage sowie Telefon und Balkon ausgestattet. Alle Zimmer sind auf der Meerseite.
Verpflegung: Halbpension: Internationale Küche (morgens/abends Buffet)
Sport/Unterhaltung: Sie können im Hotel Billard und Tischtennis spielen. Am öffentlichen Strand werden diverse Wassersportmöglichkeiten, wie Windsurfen, Segeln, Tretboot und Wasserski, über örtliche Anbieter angeboten. In unmittelbarer Nähe finden Sie diverse Einkaufsmöglichkeiten.

Textzusammenhang beachten – Wörter verstehen

Unbekannte Wörter erschließen sich aus dem Kontext

Wenn du einen Text liest, passiert es dir sicher öfter, dass du ein bestimmtes Wort nicht kennst. Dann gib nicht gleich auf und sage: „Das verstehe ich nicht“, sondern lies den Text weiter und merke dir deine Frage oder das unbekannte Wort. Oft wird das Wort in den folgenden Sätzen erklärt und deine Frage somit automatisch beantwortet. **Deshalb ist es hilfreich, den Textzusammenhang (Kontext) zu beachten, wenn du ein Wort oder mehrere Wörter nicht verstehst. Der Textzusammenhang gibt dir Hinweise auf die Bedeutung der Wörter.** Diese Methode hilft dir auch bei Lückentexten.

1. **Lies den Text „Die ersten Dinosaurier“ auf S. 25!**
   Im Text sind sicher einige Begriffe, die du noch nie zuvor gehört hast oder die du nicht so genau kennst. Du kannst sie aber aus dem Textzusammenhang erklären. Versuche es einmal!

2. **Unterstreiche die Begriffe *Thecodontier, Coelophysis* und *Plateosaurus* im Text mit jeweils unterschiedlichen Farben:**
   Thecodontier — **rot**
   Coelophysis — **blau**
   Plateosaurus — **grün**

3. **Lies nun den Text noch einmal und unterstreiche die Wörter und Sätze, in denen die Begriffe erklärt werden, in den jeweiligen Farben. Schreibe die Erklärungen in Stichworten auf:**

Thecodontier: ______________________________

____

____

Coelophysis: ______________________________

____

____

Plateosaurus: ______________________________

____

____

Textzusammenhang beachten – Wörter verstehen

4. Kannst du auch aus dem Text erklären, was ein Dinosaurier ist? Unterstreiche die erklärenden Sätze mit Bleistift und schreibe die Erklärung – möglichst mit eigenen Worten – auf.

____

____

____

5. Ordne den 3 Abbildungen die richtigen Namen zu und schreibe sie unter die Bilder. Sieh dir dazu noch einmal die Erklärungen für die Tiere an.

2. ______________________

1. ______________________

3. ______________________

6. Wenn du mehr über Dinosaurier erfahren möchtest, dann informiere dich weiter in Tierlexika, Tierzeitschriften, Fachbüchern oder im Internet. Deine Mitschüler sind sicher an einem Vortrag über Dinosaurier interessiert.

Nun kannst du weitere Übungen durchführen, in denen du genauer auf den Textzusammenhang (Kontext) achten musst.

7. Lies die beiden Texte „Das Kaninchen" und „Der Regenwurm" auf S. 26. Schreibe auf, um welche Tiere es sich in Wirklichkeit in den Texten handelt:

Text „Das Kaninchen": ______________________

Text „Der Regenwurm": ______________________

8. Lies die Texte ein zweites Mal und erkläre aus dem Textzusammenhang, warum es sich deiner Meinung nach um andere Tiere handelt. Unterstreiche dazu die Sätze, die deine Meinung belegen.

4 Textzusammenhang beachten – Wörter verstehen

An einem Lückentext kannst du jetzt weiterüben, den Textzusammenhang in das Verständnis mit einzubeziehen.

9. Lies die Überschrift des Textes auf S. 27! Was weißt du über Mandalas?

____

____

10. Lies nun den ganzen Text über Mandalas!

11. Lies den Text noch einmal und setze in die Lücken die unten stehenden Wörter ein. Achte dabei auf den Textzusammenhang.

Farben — Entspannung — Mandalas — blau — Kreise — Mittelpunkt — Ausmalen — beruhigend

Zum Schluss noch etwas Lustiges!

*Auf **Seite 28** findest du eine lustige Geschichte vom klugen Narren Till Eulenspiegel.*
*Sie heißt **„Till Eulenspiegel in Hamburg“.***
Irgendein Witzbold hat aber drei Fehler in den Text eingebaut.

12. Lies den Text und suche die Fehler. Der Kontext hilft dir dabei!

13. Unterstreiche die Fehler und begründe, warum der Text falsch ist.

____

____

____

____

14. Erkläre, mit welcher Methode Till Eulenspiegel den Barbier zum Narren gehalten hat. Gib dazu ein Beispiel aus dem Text.

Zum Schluss dieses Bausteins ein kleiner Tipp:
Gönne dir eine Pause mit den Lesebausteinen!
Zeichne ein Mandala nach der Anleitung und male es an!

4 Textzusammenhang beachten – Wörter verstehen

Die ersten Dinosaurier

Vor ungefähr 220 Millionen Jahren gab es auf der Erde mehrere Gruppen von großen Reptilien. Eine dieser Gruppen waren die Thecodontier (Wurzelzähner). Sie hatten geradere Beine als die anderen Reptilien, scharfe Zähne, mit denen sie ihre Beute zerrissen, und hielten sich gern im Wasser auf. Viele von ihnen ähnelten den heutigen Krokodilen und ihre Vorfahren waren auch die Vorfahren der Krokodile. Aus ihnen ging noch eine andere Reptiliengruppe hervor – die Dinosaurier.

Vor 205 Millionen Jahren entwickelten sich die Dinosaurier aus thecodontier-ähnlichen Reptilien. Ihre Beine standen senkrecht unter dem Körper und einige von ihnen liefen auf den Hinterbeinen, wobei sie beachtliche Geschwindigkeiten erreichten und sich mit den Schwänzen im Gleichgewicht hielten. (...)*

Der große, schwerfällige Plateosaurus aus Europa und der kleinere, schlankere Coelophysis aus dem Südwesten der Vereinigten Staaten gehören zu den frühesten Dinosauriern. Sie lebten vor gut 200 Millionen Jahren. (...)

Coelophysis wurde fast 3 Meter lang und wog knapp 30 Kilogramm. Er lief nur auf den Hinterbeinen und konnte dabei hohe Geschwindigkeiten erreichen. Er hatte viele scharfe Zähne und ernährte sich wahrscheinlich von kleinen, echsenähnlichen Reptilien, die zu seiner Zeit lebten.

Plateosaurus ernährte sich vermutlich von Blättern, die er mit seinen dicht stehenden, kleinen Zähnen zerkleinerte. Seine mit scharfen Krallen ausgerüsteten Vorderbeine benutzte er vielleicht zum Zusammenscharren von Nahrung oder zur Verteidigung. Plateosaurus wurde etwa 6 Meter lang und konnte, wenn er sich auf den Hinterbeinen aufrichtete, Höhen von 5 bis 6 Metern erreichen.

---

* (...) Diese Klammern bedeuten, dass hier etwas aus dem Originaltext weggelassen wurde.

Auszüge aus Steve Parker: Dinosaurier und wie sie lebten. Nürnberg 1988, S. 16 f.

4 Textzusammenhang beachten – Wörter verstehen

Biologie, Lehr- und Arbeitsbuch, 5./6. Schuljahr. Hannover 1975, S. 164.

Der Regenwurm

Der Regenwurm besitzt sein Wohn- und Jagdrevier unter der Erdoberfläche. Die Regenwurmhaufen auf manchen Wiesen zeugen von seiner Wühlarbeit. Manchmal gehören über 30 solcher Aushubhaufen zu seinem Jagdrevier. Von hier aus führen Schächte zu einem weit verzweigten unterirdischen Gangsystem. Inmitten dieses Systems befinden sich Wohnkessel und Vorratskammer. Von hier führen Laufgänge zu dem Jagdgebiet. Sie besitzen feste, geglättete Wände, in denen sich der Regenwurm schnell fortbewegen kann. Er gräbt das Gangsystem mit seinen kräftigen Vorderpfoten. Sie sind das geeignete Werkzeug für diese Arbeit. Mit ihnen kann er graben, schaufeln, kratzen, scharren, pressen. Sie heißen daher auch Grabhände oder Grabschaufeln.

Das Kaninchen

Das Kaninchen findet im Sommer und Herbst reichlich Nahrung. Wälder, Parkanlagen und Gärten bieten Nahrung im Überfluss: Eicheln, Bucheckern, Haselnüsse, saftige Knospen und junge Zweigspitzen, Beeren und Pilze. Auf den Überfluss des Herbstes folgt bald die Winternot. Aber das Kaninchen hat vorgesorgt. Mit großem Eifer hat es im Herbst Nüsse, Eicheln, Bucheckern und Zapfen von Fichten und Kiefern gesammelt. Ein Teil der Vorräte wurde in Nestern und in Astlöchern versteckt. Das Kaninchen ist ein Vorratssammler. Beim Anlegen der Bodenverstecke geht es immer in der gleichen Weise vor. Flink und geschäftig sucht es sich zunächst einen geeigneten Platz. Dort scharrt es mit den „Händen“ ein Loch, legt den Wintervorrat ab, stößt mit der Schnauze nach, verschließt das Loch wieder und drückt den Boden mit den Pfoten sorgfältig fest. Im Winter schläft das Kaninchen oft wochenlang in seinem kugelförmigen Nest, dem Kobel. Dieser befindet sich hoch oben im Astquirl eines Baumes und ist meist gut getarnt.

Biologie, Lehr- und Arbeitsbuch, 5./6. Schuljahr. Hannover 1975, S. 151.

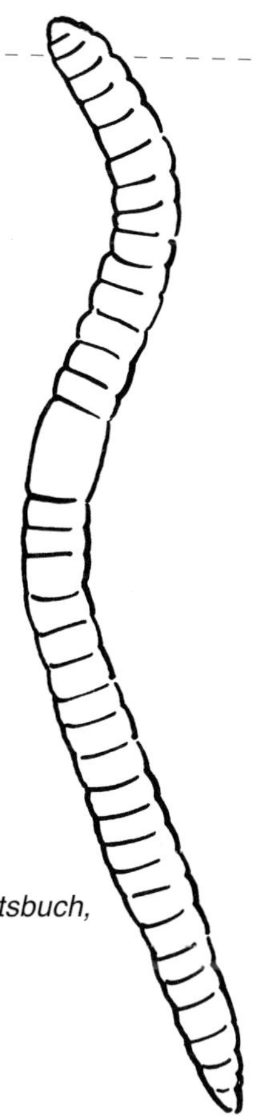

4 Textzusammenhang beachten – Wörter verstehen

Mandala – *Malen und Entspannen*

Das Wort Mandala kommt aus dem Sanskrit* und bedeutet Kreis. Es kann aber auch ein Vieleck sein. Das Mandala hat einen deutlichen Mittelpunkt, um den herum verschiedene geometrische Formen und Figuren symmetrisch angeordnet sind. In der indischen Religion werden ____________________ als Meditationshilfe benutzt. Du kannst beim Betrachten des Mandalas zu einer großen inneren Ruhe und ____________________ finden – und damit zu dir selbst.

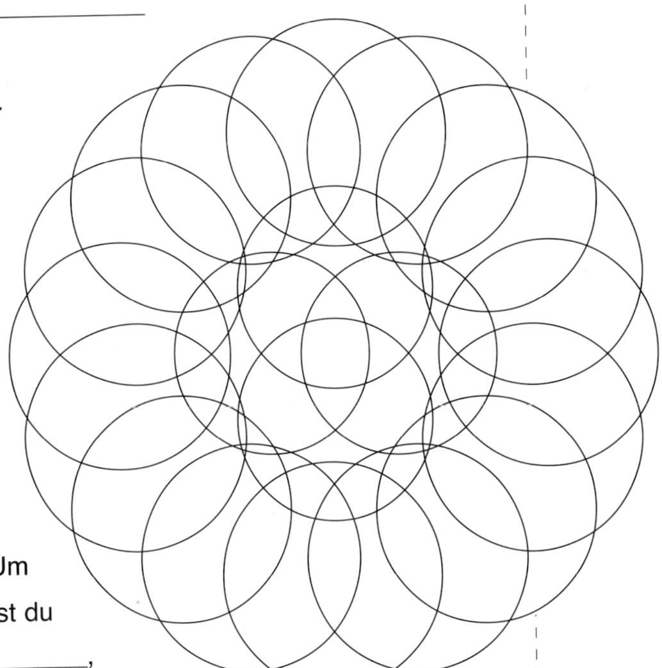

Mandalas kannst du selbst herstellen. Hierzu nimmst du ein weißes Blatt Papier und einen Zirkel. Es gehen auch runde Gefäße in verschiedenen Größen (Tassen, Teller). Du bestimmst auf dem Blatt den Mittelpunkt und zeichnest um diesen herum in gleichmäßigem Abstand gleich große Kreise. Dadurch, dass die Kreise übereinanderliegen, entstehen verschieden große Flächen. Um die Schnittpunkte der Kreise zeichnest du wieder gleich große ____________________, und zwar immer weiter vom Mittelpunkt des Blattes entfernt, sodass zwei bis drei Reihen Kreise verschiedener Größen um den ____________________ herumliegen. Du kannst ein Mandala auch mit eckigen Flächen zeichnen. Nun male die verschiedenförmigen Flächen aus, entweder in kräftigen oder in zarten ____________________, je nach Stimmung und Geschmack. Beim ____________________ musst du darauf achten, dass die Farben in regelmäßiger Art und Weise immer wiederkehren. Wenn du zum Beispiel die Fläche unten rechts blau gemalt hast, musst du die gleiche Fläche in den drei anderen Ecken auch ____________________ anmalen. So entsteht ein symmetrisches, d.h. ein spiegelbildlich aufgebautes Bild. Es soll Harmonie ausdrücken. Sowohl das Anmalen der Mandalas als auch das Betrachten der Mandalas ist ____________________ und entspannend – und macht Spaß!

---

* ***Sanskrit*** *ist die indische Sprache der Wissenschaft und Dichtung.*

Till Eulenspiegel in Hamburg

Nachdem er den Rat der Stadt Lübeck so listig genarrt hatte, dass man ihn vom Galgen laufenlassen musste, kam Till Eulenspiegel nach Hamburg. Zunächst schaute er sich auf dem Pferdemarkt nach einem Taxi um. Ein Barbier kam auf ihn zu und fragte nach seinem Handwerk.

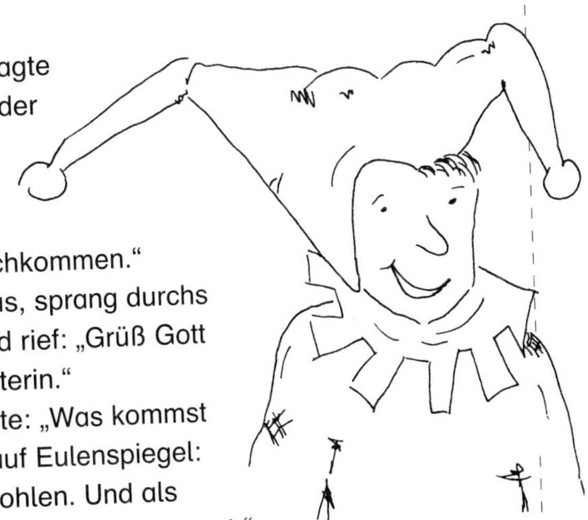

„Was sonst als Barbier?“, fragte der Narr zurück. Da stellte ihn der Meister an und erklärte: „Dort, in dem Haus, wo die großen Fenster sind, wohne ich. Geh dort hinein, ich werde bald nachkommen.“ Eulenspiegel ging zu dem Haus, sprang durchs Fenster hinein in die Stube und rief: „Grüß Gott und das Handwerk, Frau Meisterin.“

Die Frau erschrak und fragte: „Was kommst du nicht zur Tür herein?“ Darauf Eulenspiegel: „Euer Gemahl hat mir das befohlen. Und als Geselle muss man das tun, was der Meister sagt.“ Als der Barbier nach Hause kam, verlangte er Rechtfertigung für das zu Bruch gegangene Fenster. „Lieber Meister“, erklärte Till Eulenspiegel, „Ihr habt mir befohlen, dort hineinzugehen, wo die großen Fenster seien. Das tat ich, gehorsam nach eurem Gebot.“

Der Meister schwieg still, denn er brauchte dringend einen Gesellen. Den Schaden wollte er Eulenspiegel vom Lohn abziehen. Die erste Aufgabe für den neuen Gesellen: Er sollte die Schermesser schärfen.

„Schleif sie gleichmäßig glatt“, sagte der Meister. Da schliff Eulenspiegel die Rücken mit der Schleifmaschine so scharf wie die Schneide. Als der Meister sah, dass der Narr ihm alle Messer verdorben hatte, wurde er zornig und schimpfte: „Du bist ein schlimmer Schalk. Mit uns kann das nichts werden. Verlass sofort mein Haus und geh dorthin, von wo du gekommen bist.“

„Das seh' ich genauso“, meinte Eulenspiegel, „wir können doch nicht ewig zusammenbleiben.“ Und sprang hurtig aus dem Fenster hinaus, so wie er hereingekommen war, dass abermals die Scheiben klirrten.

Der wütende Barbier wollte Eulenspiegel von den Wachtmeistern greifen lassen, damit er Fenster und verdorbene Messer zahlen sollte, doch der Narr war schnell zum Hafen gelaufen und auf ein Motorboot gesprungen, das gerade auslief.

Märchen und Sagen aus Hamburg. Gesammelt von Martin Jenssen. Oldenburg 1997, S. 76 f.

5 Wörter nachschlagen – Wissen erweitern

Unbekannte Wörter nachschlagen erweitert den Wortschatz

Dir ist es sicher schon öfter passiert, dass du beim Lesen auf **unbekannte Wörter** gestoßen bist. Gib nicht gleich auf, denn das ist nicht schlimm: Der Wortschatz der deutschen Sprache ist sehr groß, und du kannst nicht alle Wörter kennen. Du solltest nur wissen, wie und wo du herausfinden kannst, was du nicht weißt. Dazu musst du gut mit ***Wörterbüchern*** und ***Lexika*** umgehen können, in denen du die dir unbekannten Wörter nachschlagen und deren Bedeutung ermitteln kannst. Damit dir dies auch schnell gelingt, musst du das ***Alphabet*** sehr gut beherrschen. **Durch das regelmäßige Nachschlagen im Wörterbuch lernst du neue Wörter dazu und erweiterst ständig deinen Wortschatz. Das hilft dir dann wieder beim Leseverstehen!**

1. Schlage in einem Wörterbuch die oben unterstrichenen Begriffe nach und schreibe die Erklärungen in Stichworten auf!

Alphabet: ______________________________

____

Lexika: ______________________________

____

Wörterbücher: ______________________________

____

2. Erkläre, was der Unterschied zwischen einem Wörterbuch und einem Lexikon ist!

____

____

____

____

3. Nun übe an einem Text den Umgang mit dem Wörterbuch! Lies die Überschrift des Textes **auf Seite 32** **und betrachte die Abbildung! Wovon könnte der Text handeln? Schreibe deine Vermutungen über den Inhalt des Textes auf!**

4. Lies nun den ganzen Text!

5

Wörter nachschlagen – Wissen erweitern

5. **Waren deine Vermutungen über den Inhalt des Textes richtig? Worum geht es in dem Text?**

6. **Schreibe die fettgedruckten Wörter aus dem Text auf Seite 32 in dein Heft und ermittle mit Hilfe des Wörterbuchs ihre Bedeutung!**

7. **Lies den Text ein zweites Mal! Prüfe anhand der Sätze auf Seite 31, ob du den Text richtig verstanden hast! Kreuze die richtigen Sätze an!**

8. **Schreibe einen oder mehrere der von dir angekreuzten Sätze, zu denen du deine Meinung sagen möchtest, heraus. Begründe deine Meinung und gib Beispiele! Du kannst das mündlich im Klassen- oder Gruppengespräch tun oder schriftlich auf das Arbeitsblatt.**

5 Wörter nachschlagen – Wissen erweitern

(A)

☐ 1. Konsum ist für viele Jugendliche kein Problem.
☐ 2. Konsum wird für viele Kinder und Jugendliche zum Problem.
☐ 3. Kinder sollen so viel konsumieren, wie sie wollen.

(B)

☐ 1. Man muss immer die richtigen Marken haben, sonst ist man out.
☐ 2. Marken sind bei den meisten Kindern und Jugendlichen unwichtig.
☐ 3. Marken waren früher wichtig, heute nicht.

(C)

☐ 1. Besonders reiche Kinder kaufen Markenprodukte.
☐ 2. Besonders ärmere Kinder leiden unter der Markenkonkurrenz.
☐ 3. Markenkonsum hat nichts mit arm oder reich zu tun.

(D)

☐ 1. Viele Kinder und Jugendliche haben schon 850 000 Euro Schulden.
☐ 2. 850 000 Jugendliche haben schon Schulden bei Freunden oder der Familie.
☐ 3. Schulden sind kein Problem bei Kindern und Jugendlichen.

(E)

☐ 1. Die Jugendlichen geben viel Geld für Handys, Computer und Trendsportarten aus.
☐ 2. Handys mit Telefonkarten sind kein Problem.
☐ 3. Die Jugendlichen brauchen das Geld nur für Markenkleidung.

(F)

☐ 1. Marken sind für kleine Kinder noch nicht so wichtig.
☐ 2. In den Grundschulen gibt es noch keine Markenkonkurrenz.
☐ 3. Sogar Grundschulkinder wollen nur noch bestimmte Markenprodukte.

(G)

☐ 1. Viele Kinder wissen nicht mehr, was die Dinge wert sind.
☐ 2. Gerade heutzutage haben die Jugendlichen einen starken Bezug zu Geld.
☐ 3. Geld und Werte werden immer wichtiger für die Kinder.

(H)

☐ 1. Kinder haben viel Spaß am Sport und bei Musikveranstaltungen.
☐ 2. Kinder tragen teure Rollerblades, nur um davon im Bekanntenkreis und der Familie zu erzählen.
☐ 3. Markensachen werden nicht nur konsumiert, um „in“ zu sein.

Postfach 102251
45422 Mülheim an der Ruhr
www.verlagruhr.de

Kinder kaufen wie im Rausch

Der **Konsum** wird für immer mehr Jugendliche zu einem Problem. „Wer heute nicht die richtigen **Marken** trägt oder die neueste Technik besitzt, wird **ausgegrenzt**“, sagt **Wissenschaftlerin** Kirsten Schlegel-Matthies vom **Institut für Haushaltswissenschaft** aus Münster. (...)

„Das Thema betrifft immer mehr Schüler. Besonders Kinder aus weniger betuchten Familien leiden unter der **Markenkonkurrenz** mit ihren Klassenkameraden“, so Schlegel-Matthies. Viele würden sich verschulden, um sich die teuren Sachen leisten zu können. Nach **offiziellen** Schätzungen stehen schon mehr als 850 000 Jugendliche bei ihrer Familie, Bekannten oder sogar Banken **in der Kreide**. Sie brauchen Geld für Markenkleidung, Handys, Computer und die neuesten **Trendsportarten**. (...)

Besonders gefährlich: Handys mit Telefonkarten. Telefonieren können die Kinder damit zwar nur bis maximal 50 Mark*. Aber durch das Verschicken von so genannten SMS-Mitteilungen wird der Handyspaß ungewollt teurer. Denn das SMS-System funktioniert auch dann noch, wenn auf der Karte kein Geld mehr ist. (...)

Das grundlegende Problem: „Wer das alles nicht mitmachen kann, wird von seinen Mitschülern **isoliert**. Schon im Grundschulalter wissen die Kinder genau über Marken Bescheid, wollen nur noch bestimmte **Produkte** haben“, so Schlegel-Matthies. Immer mehr Lehrer würden sie um Rat fragen: Denn sie wüssten nicht mehr, wie sie mit dem **Konsumverhalten** der Schüler umgehen sollen. „Die Kinder verlieren immer stärker den Bezug zu Geld und zu Werten“, so die **Expertin**.

Das Problem kennt auch Ulrich Reinhardt vom Hamburger Institut für **Freizeitforschung**. „Es geht heute nur noch darum, überall dabei zu sein. Ob das die neuesten Rollerblades der Marke K2 sind oder teure Konzertkarten. Kinder wollen diese Dinge einfach haben, um ihren Freunden oder auch der Familie davon erzählen zu können“, so der Experte. Und weiter: „Es geht gar nicht um den Spaß am Sport oder an der Musik. Kinder wollen nur **demonstrieren**, dass sie wissen, was in ist.“ (...)

**50 DM = ca. 25 Euro*

Auszüge aus Stefanie Rehker: Kinder kaufen wie im Rausch. In: Hamburger Abendblatt 26./27.2.2002, S. 20.

Fragen an den Text stellen – Informationen erhalten

Durch W-Fragen die wichtigsten Infos finden

Texte, die du im Unterricht behandelst, liest du meistens nicht nur für dich. Du musst sie häufig wiedererzählen oder den Inhalt des Textes zusammenfassen. Hierbei können dir die folgenden W-Fragen helfen:
Wer? Wo? Wann? Was? Wie? und Warum?
Wenn du mit diesen Wörtern Fragen an den Text stellst, kannst du die wichtigsten Informationen zu den Personen (Wer?), zum Ort (Wo? oder Wohin?), zur Zeit (Wann?), zum Geschehen oder Tatbestand (Was?), zur Art und Weise (Wie?) und zu den Gründen (Warum?) aus dem Text herauslesen.

1. **Lies die Überschrift des Textes auf Seite 36 und stelle Vermutungen darüber an, welches Thema der Text hat und was im Text stehen könnte!**

   ____

   ____

2. **Lies nun den ganzen Text!**
3. **Markiere dir unbekannte Begriffe und kläre sie entweder aus dem Kontext oder mit Hilfe des Wörterbuchs.**
4. **Lies nun den Text noch einmal und betrachte die Abbildung auf S. 36. Schreibe W-Fragen in dein Heft, die dir helfen, den Inhalt des Textes genauer zu erfassen, z. B.: Wer war der Ötzi? Was ist geschehen? Wann hat er gelebt? Wo hat er gelebt? Ergänze noch weitere W-Fragen!**
5. **Unterstreiche im Text die Sätze, die jeweils zu den W-Fragen passen, und schreibe die Fragen an den Rand.**
6. **Beantworte nun die W-Fragen mit eigenen Worten in deinem Heft.**
7. **Verfasse aus deinen Antworten einen eigenen Text zum „Mann aus dem Eis" und schreibe ihn in dein Heft!**

   Neues aus der „Ötzi-Forschung"
   Der Tote aus der Jungsteinzeit wurde am 19. September 1991 in den Ötztaler Alpen an der Grenze zwischen Österreich und Italien entdeckt.
   Das ist jetzt elf Jahre her und die Wissenschaftler haben inzwischen Genaueres über den „Mann aus dem Eis" herausgefunden, sodass frühere Vermutungen, z.B. über den Tod des Ötzi, sehr fraglich geworden sind.
8. **Lies den Text „Tod durch einen Pfeil von hinten" auf S. 37!**

Postfach 102251
45422 Mülheim an der Ruhr
www.verlagruhr.de

6

Fragen an den Text stellen – Informationen erhalten

9. Stelle W-Fragen an den Text und schreibe sie auf!

10. Beantworte diese Fragen schriftlich!

**11. Zum Schluss kannst du noch einmal testen, was du von den Berichten über den „Mann aus dem Eis“ behalten hast.
Finde die passenden Antworten zu den W-Fragen und vervollständige die Wörter in dem Rätsel auf der nächsten Seite (S. 35)!**

1. Worunter lag der Ötzi?
2. Wie heißen die Gebilde in den Alpen aus der Eiszeit?
3. Womit war die dünne Eisdecke bedeckt?
4. Wie bezeichnet man einen durch Kälte haltbar gemachten Körper?
5. Wer hat den Ötzi gefunden?
6. Wodurch wurde der Ötzi freigetaut?
7. In welcher Stadt wurde der Ötzi genau untersucht?
8. Wodurch wurde die linke Hüfte des Ötzis beschädigt?
9. Was lag auf einem Felssims?
10. Wer legte den Ötzi weiter frei? (Nachname eines Bergsteigers)
11. Wer fand im Körper des Ötzis eine Pfeilspitze?
12. Welche Farbe hatten die Haare des Ötzis?
13. Wie hieß das Ehepaar, das den Ötzi gefunden hat, mit Nachnamen?
14. Wie nennt man den vorsichtigen Abtransport der Leiche?
15. Was fand man im Körper der Eisleiche?
16. Wie heißt das scharfkantige Gestein aus der Steinzeit?

6 Fragen an den Text stellen – Informationen erhalten

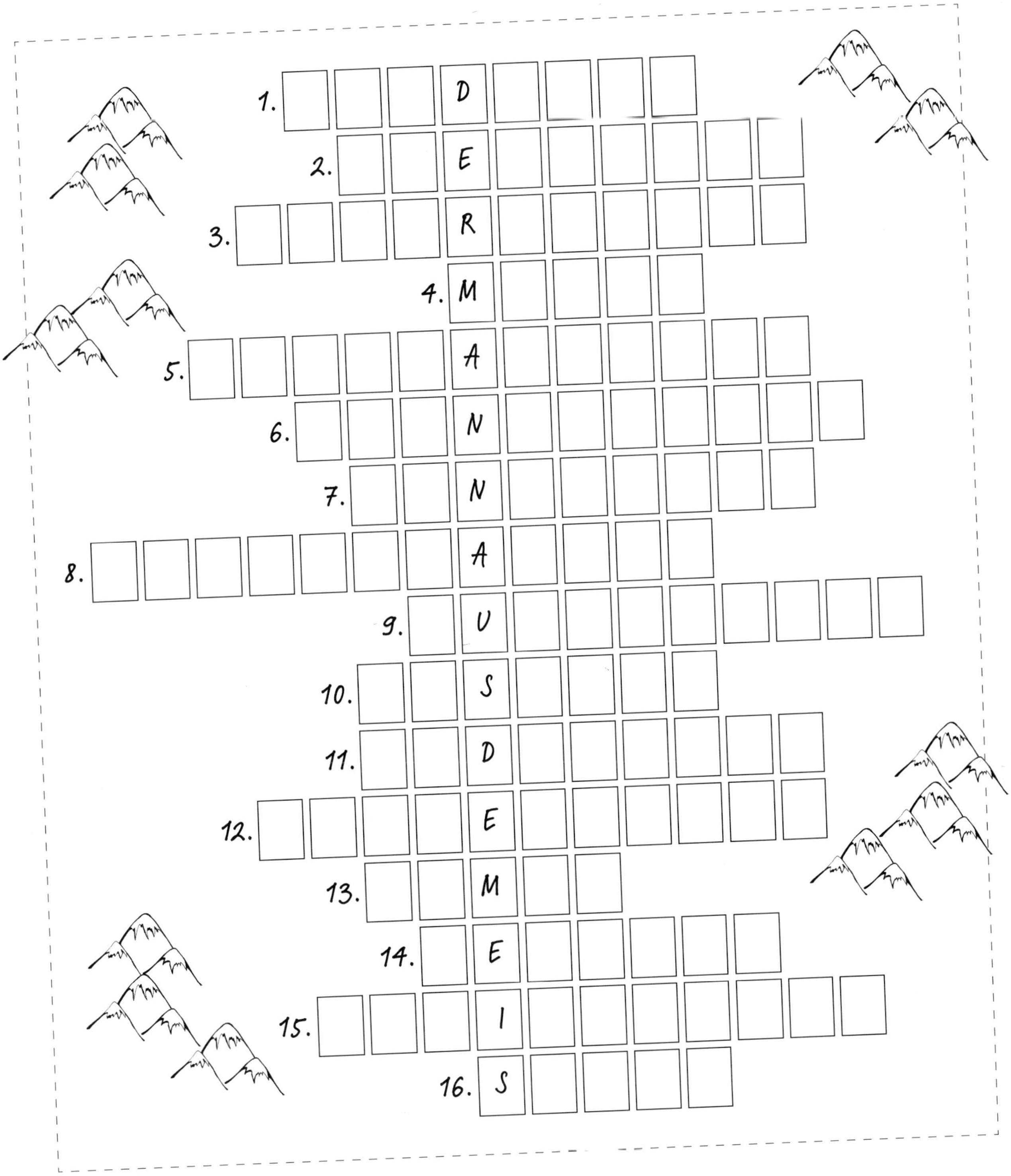

12. **Sind deiner Meinung nach nun alle Fragen um den geheimnisvollen Toten aus dem Eis geklärt? Wenn nicht, dann schreibe die Fragen in dein Heft und versuche sie mit Hilfe weiterer Informationsquellen (Lexika, Internet, Fachzeitschriften) zu beantworten.**

6 Fragen an den Text stellen – Informationen erhalten

Der Mann aus dem Eis

Dass die Nürnberger Bergwanderer Helmut und Erika Simon den „Mann aus dem Eis“ am 19. September 1991 überhaupt finden konnten, lag nicht nur an einem inzwischen zurückgewichenen Gletscher, der Ötzi einst überdeckt hatte. Sonniges Wetter hatte den durch Kälte mumifizierten Leichnam kurz zuvor freigetaut, unterstützt von einer Schicht aus gelbbraunem Saharastaub, der die dünne Eisdecke überzogen und das Freischmelzen begünstigt hatte, indem er die Sonnenwärme einfing.

Erste Bergungsarbeiten mit einem pressluftbetriebenen Schrämhammer am Tag nach dem Fund beschädigten die linke Hüfte der ansonsten unversehrten Mumie. Der Bergungstrupp nahm beim wetterbedingten Abbruch seiner Arbeiten das auf einem Felssims liegende Kupferbeil mit – als willkommenen Beweis, dass die Mumie seit mindestens hundert Jahren dort lag und nicht der Leichnam des Musikprofessors Carlo Capsoni war, der seit Anfang der 40er-Jahre in dieser Region vermisst wird.

Zwei Tage nach dem Fund waren die Extrem-Bergsteiger Reinhold Messner und Hans Kammerlander bei der Mumie, sie legten den Leichnam weiter frei und hoben erstmals den Kopf hoch. Wiederum zwei Tage später, an einem Montag, wurde Ötzi dann im Beisein eines Innsbrucker Gerichtsmediziners offiziell geborgen und wenig später für 5 300 Jahre alt befunden.

Der Tote aus der Jungsteinzeit wurde etwa 46 Jahre alt und war 1,59 Meter groß. Er hatte dunkelbraune bis schwarze Haare und ein völlig kariesfreies, aber stark abgenutztes Gebiss. Das 12. Rippenpaar fehlte, eine Anomalie von Geburt an. Die Mumie wog bei der Bergung nur noch 13 Kilogramm, etwa ein Viertel des ursprünglichen Gewichts. Für seine Ausrüstung hatte Ötzi 18 verschiedene Holzarten verwandt, jeweils die für den betreffenden Zweck am besten geeignete. Das zeigt, wie gut er sich in seiner damaligen Umwelt ausgekannt haben muss.

Die Mumie liegt heute inmitten einer Ötzi-Sonderausstellung im Südtiroler Archäologiemuseum in Bozen und kann, dank eines Gucklochs in ihrer Kühlkiste, besichtigt werden – bei einer Temperatur von minus 6 Grad und einer 98-prozentigen Luftfeuchtigkeit.

Walter Schmidt: Der Mann aus dem Eis.
In: Hamburger Abendblatt 27.8.2001, S. 3.

6 Fragen an den Text stellen – Informationen erhalten

So sah Ötzi ungefähr aus.
Aus: Bild, 24.6.1994

Tod durch einen Pfeil von hinten

Ein Jahrzehnt lang haben die Forscher gerätselt, woran Ötzi gestorben sein könnte. Erst Ende Juli 2001 fand der Bozener Radiologe Paul Gostner im Körper des Eismannes eine 21 Millimeter lange und 17 Millimeter breite Pfeilspitze. Vermutlich besteht sie aus Silex, einem scharfkantigen Gestein, aus dem in der Steinzeit Klingen und Pfeilspitzen hergestellt wurden. Dieser Pfeil hat Ötzi von hinten getroffen und seine linke Schulter durchschlagen. Dabei hat er vermutlich ein Blutgefäß verletzt. An der Blutung könnte der Mann gestorben sein, vermutet man. Dass die Pfeilspitze bei früheren Durchleuchtungen in der Uniklinik von Innsbruck nicht entdeckt wurde, wird in Österreich als Riesenblamage bewertet.

Walter Schmidt: Tod durch einen Pfeil von hinten.
In: Hamburger Abendblatt 27.8.2001, S. 3.

Konjunktionen erkennen – Sätze verstehen

Konjunktionen machen Zusammenhänge deutlich

Beim Leseverstehen spielen **Konjunktionen** (Bindewörter) eine große Rolle. Sie verknüpfen Wörter und Sätze miteinander und zeigen, wie sie logisch zusammenhängen.

Das Wort „und“ verbindet zum Beispiel Wörter, Wortgruppen oder Sätze miteinander.

Beispiel: *Ich lerne Deutsch und Portugiesisch und spiele gerne Fußball.*

Das Wort „aber“ drückt einen Gegensatz aus.

Beispiel: *Sie will eine gute Tennisspielerin werden, aber nicht jeden Tag trainieren.*

Das Wort „weil“ gibt einen Grund für etwas an.

Beispiel: *Ich übe fleißig, weil ich eine gute Klassenarbeit schreiben möchte.*

Konjunktionen sind auch: obwohl, damit, als, sowohl ... als auch, zwar ... aber, deshalb, darum, trotzdem, dennoch, sondern, außerdem, allerdings, denn, dann, danach, wenn, doch, also, daher, oder, dass, was, seitdem, während.

Alle diese Konjunktionen verbinden Sätze und Wörter miteinander. Wenn du auf diese Konjunktionen achtest, kannst du Texte besser verstehen, auch wenn du nicht alle Wörter kennst!

1. Wenn du den Anfang eines Satzes und die Konjunktion des folgenden Satzes oder Nebensatzes kennst, kannst du diesen erraten. Versuche es einmal und schreibe die folgenden Sätze zu Ende:

a) In dem Schmuckladen in der Innenstadt gibt es viele schöne Ringe. Außerdem ______________

____

b) Es regnet heute Abend in Strömen. Trotzdem ______________

____

c) Ich habe oft in den Mathe-Arbeiten schlechte Noten geschrieben. Seitdem ______________

____

d) Ich esse gerne Schokolade, während ______________

____

e) Peter geht gerne im Wald spazieren, deshalb ______________

____

f) Katharina läuft ohne Jacke nach draußen, obwohl ______________

____

Konjunktionen erkennen – Sätze verstehen

2. **Genauso geht es umgekehrt: Wenn du die Konjunktion und das Ende des Satzes kennst, kannst du den Anfang des Satzes leicht finden. Schreibe den Anfang für die folgenden Sätze:**

a) ____,

also geht er mit ihr ins Kino.

b) ____,

dennoch kann er wieder Fußball spielen.

c) ____,

weil das Flugzeug um 20 Uhr startet.

d) ____,

obwohl die Ferien bald zu Ende sind.

e) ____,

damit ich eine gute Figur bekomme.

f) ____,

doch er möchte gerne Pilot werden.

g) ____,

wenn sie gut lesen kann.

3. **Lies die Überschrift und die ersten beiden Sätze des Textes auf S. 42.**

4. **Welches Thema hat der Text? Was weißt du über das Thema?**

____

____

____

____

____

____

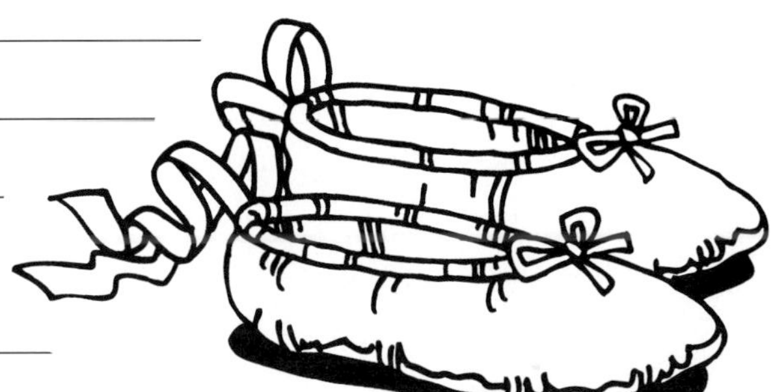

5. **Lies nun den ganzen Text!**

7 Konjunktionen erkennen – Sätze verstehen

6. **Unterstreiche im Text alle Konjunktionen und schreibe sie auf!**

____

____

____

____

____

____

7. **Die Konjunktion „und" verbindet Wörter, Wortgruppen und Sätze. Schreibe aus dem Text alle Textstellen heraus, in denen „und" vorkommt, unterstreiche das „und" und schreibe dahinter, was verbunden wird.**

Diese drei Beispiele zeigen dir, wie du es aufschreiben sollst:

Zeile 4, beugen und strecken: Wörter

Zeile 8, Lesen und Schreiben: Wörter

Zeile 8/9, genug zu essen hat und zum Arzt gehen kann: Sätze

Zeile ____, ______________________________: ________

Zeile ____, ______________________________: ________

Zeile ____, ______________________________: ________

Zeile ____, ______________________________: ________

Zeile ____, ______________________________: ________

Zeile ____, ______________________________: ________

Zeile ____, ______________________________: ________

Zeile ____, ______________________________: ________

Zeile ____, ______________________________: ________

Zeile ____, ______________________________: ________

Zeile ____, ______________________________: ________

Zeile ____, ______________________________: ________

Zeile ____, ______________________________: ________

Zeile ____, ______________________________: ________

7 Konjunktionen erkennen – Sätze verstehen

8. Welche Konjunktion passt? Kreuze an!

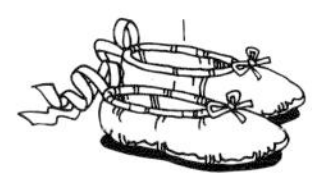

(A) Die Kinder sind froh, … sie in der Edisca jeden Tag zu essen haben.

- ☐ **1.** dass
- ☐ **2.** obwohl

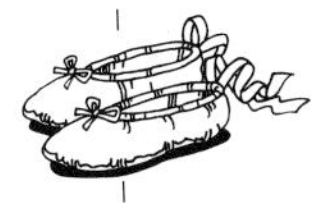

(B) … sie krank werden, können sie sogar in der Schule zum Arzt gehen.

- ☐ **1.** Während
- ☐ **2.** Wenn

(C) Die Kinder lernen in der Schule tanzen, … … Mathe und Rechtschreibung.

- ☐ **1.** und zwar
- ☐ **2.** aber auch

(D) Francisco wollte in die Ballettschule, … sein Vater verbot ihm das Tanzen.

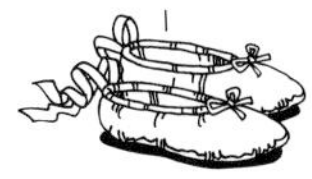

- ☐ **1.** aber
- ☐ **2.** denn

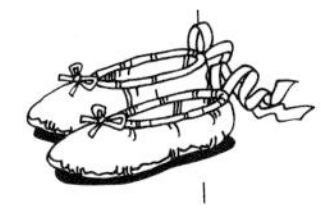

(E) Abends müssen die Kinder in die Elendsviertel zurück. … sie hoffen, ihnen durch einen Schulabschluss zu entkommen.

- ☐ **1.** Doch
- ☐ **2.** Dann

(F) Die Kinder gehen gerne in die Edisca, … sie träumen von einer Karriere als berühmte Balletttänzer.

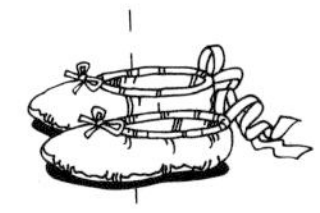

- ☐ **1.** weil
- ☐ **2.** denn

9. Nun hast du einiges über die Kinder aus Fortaleza in Brasilien gelesen. Glaubst du, dass die Edisca eine gute Hilfe für Jamila und Francisco ist? Schreibe deine Meinung auf!

____

____

____

____

____

10. Kennst du ähnliche Projekte, die Kindern helfen?

11. Informiere dich in der Bibliothek oder im Internet über die Kinderhilfsorganisationen „Unicef“ und „terre des hommes“!

Auf Spitzenschuhen aus dem Elend

Inka Schmeling: Auf Spitzenschuhen aus dem Elend. In: Geolino. Hamburg, Mai 2002, S. 52–55.

„Plié! Attitude! Arabesque!“ Mit lauter Stimme ruft die Lehrerin ihre Anweisungen durch den Tanzsaal. Konzentriert schaut Jamila, 9, geradeaus, die Hände an der kalten Eisenstange.

Ihre Beine beugen und strecken sich – Beine in weißen, durchlöcherten Strumpfhosen. Für neue Hosen hat Jamila kein Geld. Sie kommt aus den Elendsvierteln, den Favelas der brasilianischen Küstenstadt Fortaleza.

Es ist schon ein Wunder, dass sie überhaupt Ballettunterricht erhält. Dass sie Lesen und Schreiben lernt, jeden Tag genug zu essen hat und zum Arzt gehen kann, wenn sie krank ist. Das Sesam-öffne-dich in ein besseres Leben heißt Edisca, die „Schule für Tanz und soziale Integration für Kinder und Heranwachsende“. Die wird unterstützt von brasilianischen und ausländischen Spendern – und ganz besonders von Unicef.

Angefangen hat Edisca mit 20 Kindern aus den Favelas, die Tanzlehrerin Dora Andrade kostenlos an ihrer Ballettschule unterrichtete. Eines Tages dann brach ein Kind im Unterricht zusammen. Weil es schon eine ganze Weile nichts gegessen hatte. Danach, 1992, krempelte Dora Andrade ihre Tanzschule um: Jetzt üben hier 380 Jungen und Mädchen zwischen sechs und 19 Jahren – Pirouetten und Spitzentanz, aber auch Mathe und Rechtschreibung. Die Kinder bekommen Essen, werden von Ärzten untersucht und auch von Psychologen betreut.

Ein Garten Eden inmitten der Armut von Fortaleza, in den viele Kinder um alles in der Welt wollen. Zum Beispiel Francisco. Der 11-Jährige hatte die Aufnahmeprüfung bestanden, aber sein Vater verbot ihm die Schule. Tanzen sei unmännlich, sagt er. 24 Stunden lang übergab sich der Junge vor Wut, Trauer und Enttäuschung. Schließlich sprach seine Großmutter ein Machtwort – und Francisco durfte an die Edisca.

Abends müssen die Tänzer ihr Paradies verlassen und zurück zu ihren Familien in die Elendsviertel. Doch bei den Kindern wächst die Hoffnung, den Favelas nach dem Schulabschluss entkommen zu können: Edisca vermittelt Lehrstellen und hilft den Ältesten bei der Aufnahmeprüfung zur Universität.

Jamila und Francisco möchten berühmte Balletttänzer werden. Was für eine Karriere das wäre! Aus den Elendsvierteln von Fortaleza mit einem eleganten Spagat auf die berühmtesten Ballettbühnen der Welt!

Personalpronomen beachten – Zusammenhänge erfassen

Personalpronomen zeigen, wie sich Sätze aufeinander beziehen

Beim Lesen eines Textes musst du besonders auf Wörter achten, die Zusammenhänge zwischen einzelnen Sätzen herstellen.
Neben den Konjunktionen sind das besonders die **Personalpronomen**.
Personalpronomen sind persönliche Fürwörter und können stellvertretend für Personen, Lebewesen oder Sachen stehen.
Beispiele:

- Das Personalpronomen „sie“ steht im folgenden Satz für „Cora“:
  ***Cora** ist eine gute Tänzerin. **Sie** hat schon mit fünf Jahren tanzen gelernt.*
- „Er“ steht im folgenden Satz für „der Hund“:
  ***Der Hund** bellt laut. **Er** möchte ausgeführt werden.*
- „Es“ steht im folgenden Satz für „ein Buch“:
  *Zum Geburtstag habe ich **ein Buch** geschenkt bekommen.*
  ***Es** war sehr spannend zu lesen.*

Die Personalpronomen sind: ich, du, er, sie, es, wir, ihr, sie.
Es gibt zu jedem Personalpronomen noch die entsprechenden Formen im Genitiv (2. Fall), Dativ (3. Fall) und Akkusativ (4. Fall). Die Formen im Genitiv werden in der Umgangssprache selten benutzt.

1. Lerne auswendig:

	Singular					Plural		
Nominativ	ich	du	er	sie	es	wir	ihr	sie
Genitiv	meiner	deiner	seiner	ihrer	seiner	unser	euer	ihrer
Dativ	mir	dir	ihm	ihr	ihm	uns	euch	ihnen
Akkusativ	mich	dich	ihn	sie	es	uns	euch	sie

2. Verknüpfe die Sätze. Setze das passende Personalpronomen in die Lücken ein:

a) Unsere Schule liegt mitten in der Stadt. ____________ ist von vielen Wohnhäusern umgeben.

b) Hinter der Turnhalle liegt das Fundbüro. Man kann ____________ vom Schulhof aus sehen.

c) Alle Kinder freuen sich auf die Ferien, weil ____________ dann viel Zeit zum Spielen haben.

d) Kolumbus war ein erfahrener Seefahrer. ____________ entdeckte Amerika.

e) Wir haben Sport in der Schwimmhalle. Die Lehrerin zeigt ____________ den Weg dorthin.

f) Ein Junge hat Probleme beim Kraulen. Der Lehrer hilft ____________ .

g) Viele Tiere im Zoo dürfen nicht gefüttert werden. Trotzdem geben die Besucher ____________ was.

h) Franziska ist eine gute Schülerin, denn ____________ macht regelmäßig die Hausaufgaben.

i) Gestern sah ich Lisa wieder. ____________ ist richtig groß geworden.

Postfach 102251
45422 Mülheim an der Ruhr
www.verlagruhr.de

8 Personalpronomen beachten – Zusammenhänge erfassen

3. **Schreibe für jedes Personalpronomen, das du in die Lücken eingesetzt hast, auf, wofür es steht:**

   a) Sie = unsere Schule

   b) ______

   c) ______

   d) ______

   e) ______

   f) ______

   g) ______

   h) ______

   i) ______

4. **Lies die Überschrift des Textes auf Seite 47! Was glaubst du, steht im Text?**

   ______

   ______

   ______

   ______

5. **Lies nun den ganzen Text!**

6. **Lies den Text ein zweites Mal und kreise alle Personalpronomen ein.**

7. **Schreibe aus den ersten fünf Absätzen (bis Zeile 32: *„Mal sehen, was Engin davon hält.“*) die Personalpronomen auf und benenne, wofür sie stehen.**

   Ein Beispiel: ihr = Aylin, ...

   ______

   ______

   ______

   ______

   ______

8 Personalpronomen beachten – Zusammenhänge erfassen

8. Welches Personalpronomen passt? Schreibe das richtige Personalpronomen in die Lücken!

A Onkel Ali nannte Aylin die Perle seiner Sippe, weil ____________ jetzt schon besser lesen und schreiben konnte als alle im Dorf.

1. er 2. sie

B Nur wenige Eltern aus dem Dorf schicken ihre Mädchen zur Mittelschule, denn ____________ brauchen ____________ für die Arbeit auf den Baumwollfeldern.

1. ihnen 2. sie

C Onkel Ali und Engin fahren nach Selçuk, damit ____________ mit seinem Dromedar am Kamelkampf teilnehmen kann.

1. er 2. es

D Aylin hat das Gefühl, dass ____________ das Dromedar Glück bringen wird.

1. ihr 2. ihm

E Aylin und Fatoş haben regelmäßig die Zeitung gelesen. Das hat ____________ am besten für die Prüfungsvorbereitung geholfen.

1. ihr 2. ihnen

F „Wir haben es geschafft", rufen die Mädchen, „Onkel Ali und Engin werden ____________ bald in die Stadt fahren."

1. uns 2. sie

9. Nun kannst du noch einmal überprüfen, ob du den Text genau verstanden hast. Kreuze die richtigen Sätze auf der nächsten Seite (S. 46) an!

10. Musstest du auch schon einmal eine Prüfung bestehen? Berichte, wie du dich gefühlt hast und wie du dich auf die Prüfung vorbereitet hast. Erzähle es mündlich in der Klasse, am Gruppentisch oder schreibe es auf!

____

____

____

____

____

____

____

11. Überlege, ob eine Klassenarbeit für dich auch eine Prüfung ist. Sprich darüber mit deiner Klasse.

8 Personalpronomen beachten – Zusammenhänge erfassen

A

☐ 1. Aylin ist die Klassenbeste.
☐ 2. Aylin will Ärztin werden und in die Stadt ziehen.
☐ 3. Aylin arbeitet lieber auf den Baumwollfeldern, als in der Schule zu sitzen.

B

☐ 1. Aylin droht, sitzenzubleiben und kann dann nicht weiter zur Schule gehen.
☐ 2. Die Eltern können besser lesen und schreiben als Aylin.
☐ 3. Die Eltern möchten, dass Aylin zur Mittelschule geht.

C

☐ 1. Alle Kinder in der Türkei müssen mit elf Jahren die Schule verlassen.
☐ 2. Aylins Vater musste frühzeitig von der Schule abgehen, um auf den Feldern zu arbeiten.
☐ 3. Alle Eltern schicken heutzutage in der Türkei ihre Kinder noch freiwillig drei Jahre in die Mittelschule.

D

☐ 1. Ali und Fatoş begleiten Onkel Ali in die Stadt, um gemeinsam den Kamelkampf zu sehen.
☐ 2. Die beiden Mädchen wollen in der Stadt eine zweistündige Aufnahmeprüfung ablegen.
☐ 3. Die Prüfung findet in Selçuk statt.

E

☐ 1. Die Mädchen haben sehr oft in der Bibliothek für die Prüfung gelernt.
☐ 2. Ab und zu haben sie Zeitung gelesen, um sich auf die Fragen vorzubereiten.
☐ 3. Aylin und Fatoş hatten einen Nachhilfelehrer für die Prüfungsvorbereitung.

F

☐ 1. Fatoş hat einen roten Stift als Glücksbringer ausgesucht.
☐ 2. Onkel Ali hofft durch die Büste Atatürks auf Glück beim Kamelkampf.
☐ 3. Aylin glaubt, dass das Dromedar ihr Glück bringt.

G

☐ 1. Fato ş hat am besten bei der Prüfung abgeschnitten.
☐ 2. Aylin hat von 100 Fragen mehr als 90 richtig beantwortet.
☐ 3. Die Mädchen haben über die Post erfahren, dass sie bestanden haben.

8 Personalpronomen beachten – Zusammenhänge erfassen

Aylins Prüfung

Aylin wohnt mit ihrer Familie in dem Dorf Bölcek, 150 km von Izmir.

„Oh, da kommt ja meine Nichte Aylin, die Perle der Sippe", lacht Onkel Ali und tätschelt ihr den Kopf. „Sie ist die Klassenbeste und macht die Schule mit links", wendet er sich an seinen Freund, den Davuli, den Trommler, der neben ihm steht.

„Sie kann jetzt schon besser lesen und schreiben als wir. Aylin wird mal studieren und Ärztin, Ingenieurin oder Richterin werden. Ich will schon dafür sorgen!" (...)

Es ist gar nicht so selbstverständlich, dass Aylin noch zur Schule geht. Nur fünf Jahre Volksschule sind in der Türkei Pflicht[1]. Nicht alle Eltern schicken ihre Kinder noch freiwillig drei Jahre in die Mittelschule. Aylins Vater meinte jedoch: „Wenn wir schon in unserem Dorf so eine Mittelschule haben – und wo gibt es das in der Gegend sonst – und Allah meiner Tochter die Begabung zum Lernen gegeben hat, dann soll sie ruhig etwas länger als bis zum elften Lebensjahr zur Schule gehen."

Er selbst hatte die Schule schon vor Beendigung der Pflichtzeit verlassen, um nur noch auf den Feldern zu arbeiten. (...)

Nun ist es also so weit! Onkel Ali und Engin fahren zum Kamelkampf, der am Nachmittag in der Stadt Selçuk stattfinden wird. Aylin und Fatoş begleiten ihn, weil sie vormittags in der nahe liegenden Stadt Izmir an der zweistündigen Aufnahmeprüfung für das staatliche Kolleg teilnehmen wollen. Für Onkel Ali ist dies der letzte Kamelkampf der Saison, der ausgerechnet am selben Samstag und in derselben Gegend stattfindet wie die Prüfung. Wann immer es ging, haben die Mädchen in der Bibliothek gelernt, aber eine Woche vorher haben sie beraten, wie sie sich für die Prüfung wappnen sollten. (...)

Aylin hat lange überlegt und dann den alten roten Stift ausgesucht, der ihr schon lange gute Noten gebracht hat. Und überhaupt, denkt sie, wieso sollte mir nicht ein Dromedar Glück bringen. **Mal sehen, was Engin davon hält.**

Als sie in Izmir an der Schule vorfahren, flattert ihnen am Eingang zur Feier des Tages eine riesige Fahne mit dem Bild Atatürks[2] entgegen. „Seht ihr, ihr werdet schon empfangen", sagt Onkel Ali. „Der freut sich besonders, wenn es klappt!" Aylin hat das Gefühl, dass ihr der sonst so finster dreinschauende Atatürk zum ersten Mal zulächelt. Hat er ihr eben nicht mit einem Auge aufmunternd zugeblinkt? Aylin streichelt kurz zum Abschied das Dromedar. Engin neigt seinen Kopf sanft zu ihr hinunter und Aylin flüstert ihm schnell etwas ins Ohr. (...)

Fortsetzung ➲

[1] Im September 1997 wurde in der Türkei die Schulpflichtzeit von fünf auf acht Jahre erhöht.

[2] **Atatürk:** bedeutet „Vater der Türken" und ist der Beiname von Mustafa Kemal Pascha, der seit 1923 türkischer Ministerpräsident war und den türkischen Staat in der heutigen Form begründet hat. Er hat zum Beispiel die lateinische Schrift in der Türkei eingeführt.

8 Personalpronomen beachten – Zusammenhänge erfassen

Aylins Prüfung – Fortsetzung ➲

An einem Pult sitzt ein Schuldiener mit langen Listen. Er nimmt die Mädchen einzeln in Empfang, fragt nach den Namen, schaut in die Liste, hakt ab und schickt sie in alphabetisch geordnete Klassenräume. Hier müssen die Freundinnen sich trennen. Hunderte von Schülern in Aylins und Fatoş Alter füllen die Schulräume. Wer möchte nicht gern umsonst in eine Internatsschule gehen? Schon kommen einige Lehrer, die die Fragebögen mit verschiedenen Antworten rasch unter den Kindern verteilen. Aylins Herz klopft. Hundert Fragen aus verschiedenen Gebieten müssen beantwortet werden. (...)

Draußen wartet schon Fatoş mit Onkel Ali und Engin.

„Wie ging's bei dir?“, ruft Aylin ihr zu.

„Allah sei Dank. Einfach prima, dass wir schon vorher immer die Zeitung gelesen haben. Fast alle Fragen kamen da schon mal vor“, jubelt Fatoş.

Nachmittags kommen Onkel Ali und Tante Düriye, leider ohne Engin, um zum Bayram[3] zu gratulieren. (...)

„Aylin, für dich habe ich eine ganz besondere Überraschung zum Feiertag.“

Auf Aylins erstaunten Blick hin sagt Tante Düriye: „In der Feiertagsausgabe werden die Ergebnisse der Aufnahmeprüfung bekannt gegeben, schau doch mal nach, ob du deinen Namen findest.“ (...)

Nirgendwo steht ihr Name. Endlich findet Aylin unter „Hundert Fragen mit achtzig bis neunundachtzig Antworten beantwortet“ den Namen von Fatoş. „Fatoş hat es geschafft“, jubelt sie, doch dann wird sie blass.

„Schau nur genau“, ermuntert sie Onkel Ali. Und siehe da: Bei „Hundert Fragen mit neunzig bis hundert richtigen Antworten beantwortet“ steht unter wenigen Namen AYLIN TAN aus Bölcek. (...)

Alle freuen sich, gratulieren ihr und umarmen sie. „Engin hat mir Glück gebracht“, jubelt Aylin, greift nach einigen lokum[4] in der Kristallschale und ist schon auf dem Weg zur Weide, um sich mit diesem Leckerbissen bei ihm zu bedanken.

[3] **Bayram:** türkisches Fest am Ende der Fastenzeit. Es wird auch Zuckerfest genannt.

[4] **lokum:** türkische Süßigkeit.

Hanne Straube: Leben in einem türkischen Dorf. Reinbek 1989, S. 22.

Postfach 102251
45422 Mülheim an der Ruhr
www.verlagruhr.de

Zwischenüberschriften finden – Texte gliedern

Mit Zwischenüberschriften den Inhalt zusammenfassen

Texte, vor allem längere Texte, sind meistens **in mehrere Abschnitte oder Absätze gegliedert.** In jedem dieser Absätze steht in der Regel eine neue Information, die für den gesamten Text wichtig ist. Diese **Textabschnitte** gehören zusammen wie Glieder einer Kette. Deswegen sagt man auch, dass ein Text in mehrere Abschnitte gegliedert ist. Wenn du einen längeren Text verstehen willst, ist es sinnvoll, den einzelnen Abschnitten **Zwischenüberschriften** zu geben. Du kannst dabei auch mehrere Textabschnitte in einer Überschrift zusammenfassen. **Diese Zwischenüberschriften sollten das Wichtigste enthalten. Mit Hilfe der Zwischenüberschriften kannst du gut über den Text sprechen, dir den Inhalt leichter aufschreiben und merken.**

Beispiel 1

1. Sagen berichten über außergewöhnliche Ereignisse, welche Menschen erlebt haben und die immer weitererzählt wurden. Was weißt du über Sagen?

____

____

____

____

____

____

2. Die fünf Textabschnitte auf S. 52 erzählen von der Sage „Die Schiffskatze". Sie sind aber durcheinandergeraten. Lies die Textabschnitte und bringe sie in die richtige Reihenfolge. Trage dazu die Buchstaben in die Tabelle ein. Die Buchstaben in der Reihenfolge 1–5 ergeben ein Lösungswort.

	Buchstabe des Textabschnitts
1	
2	
3	
4	
5	

3. Schreibe das Lösungswort hier auf:

____

9 Zwischenüberschriften finden – Texte gliedern

4. Schneide die einzelnen Textabschnitte aus und klebe sie in die richtige Reihenfolge auf ein Din-A4-Blatt. Lies nun die einzelnen Textabschnitte ein zweites Mal. Kläre unbekannte Begriffe entweder aus dem Textzusammenhang oder mit Hilfe des Wörterbuches. Finde eine passende Zwischenüberschrift zu jedem Abschnitt und schreibe sie hier auf:

1. ______________________________

2. ______________________________

3. ______________________________

4. ______________________________

5. ______________________________

5. Nun erzähle deiner Gruppe oder der Klasse die Sage „Die Schiffskatze"! Die Zwischenüberschriften helfen dir dabei.

Beispiel 2

6. Lies die Überschrift des Textes  **auf S. 53. Stelle mit Hilfe der Überschrift Vermutungen darüber an, wovon die Geschichte handelt.**

____

____

7. Lies nun den ganzen Text und gliedere ihn in Handlungsabschnitte. Gib den jeweiligen Abschnitten eine Überschrift. Fasse dabei auch mehrere Abschnitte zusammen.

Zeile 1–6 → Zwischenüberschrift: Familie Buchsbaum lebt zurückgezogen.

Zeile ______ → Zwischenüberschrift: ______________________________

Zeile ______ → Zwischenüberschrift: ______________________________

Zeile ______ → Zwischenüberschrift: ______________________________

Zeile ______ → Zwischenüberschrift: ______________________________

Zeile ______ → Zwischenüberschrift: ______________________________

Zeile ______ → Zwischenüberschrift: ______________________________

9 Zwischenüberschriften finden – Texte gliedern

8. Berichte nun in der Klasse oder an deinem Gruppentisch über die Erlebnisse der Ich-Erzählerin mit Lola Buchsbaum. Die Zwischenüberschriften helfen dir dabei.

9. Kannst du dir das Verhalten der Familie Buchsbaum und ihrer Tochter Lola erklären?

10. Warum hatte Lola Buchsbaum Angst, anderen Menschen zu schaden? Stelle Vermutungen darüber an und schreibe sie auf!

11. Die Geschichte von Lola Buchsbaum ist eine Kurzgeschichte. Kurzgeschichten haben meistens ein offenes Ende. Schreibe die Geschichte in deinem Heft weiter und erfinde einen Schluss!

Postfach 102251
45422 Mülheim an der Ruhr
www.verlagruhr.de

9

Zwischenüberschriften finden – Texte gliedern

Die Schiffskatze

Märchen und Sagen aus Hamburg. Gesammelt von Martin Jenssen. Oldenburg 1997, S. 72.

O

Die Mannschaft schrie: „Der Lotse ist schuld. Er hat getrunken." Die Matrosen wollten ihn umbringen. Der besonnene Kapitän verhinderte es. Aber als es um die Plätze in den Rettungsbooten ging, gab es keinen Platz mehr für den Lotsen. Bevor die Boote ablegten, rief der Kapitän dem Lotsen zu: „Wenn du unschuldig bist, Peter Bull, wird Gott dir helfen!"

E

Auf das furchtbare Gewimmer wurden die Leute schließlich aufmerksam, so dass sie den halb toten Peter Bull bergen konnten. Peter Bull ist nach dieser Nacht nicht mehr zur See gefahren. Aber er kaufte sich ein Häuschen in der Nähe der Küste. Und immer, wenn es Sturm gab, ging er am Deich entlang, suchte nach hilflosen Schiffbrüchigen.

T

Dem verzweifelten Lotsen blieb nichts weiter übrig, als sich an einen Balken anzuketten. Kurz bevor das Schiff zerriss, sprang die Bordkatze auf Peter Bulls Kopf, krallte sich in den Haaren fest.

L

Sturm oder Alkohol? Die Schuldfrage bleibt ungeklärt. Das Kommando auf dem Dreimaster „Hinrich Jansen", der am 22. November 1736 vor Neuwerk unterging, hatte der Lotse Peter Bull. Er hatte das Schiff bei kräftigem Wind auf ein Sandriff gesetzt.

S

Mit der Katze auf dem Kopf trieb Peter Bull in der Sturmnacht durch die Elbmündung. Als der Morgen graute, strandete er im Schlick der Kugelbaake bei Döse. Er war zu erschöpft, um sich von den Fesseln zu befreien. Bevor die Flut wieder einsetzte, bemerkte er zwei Leute, die nach Strandgut suchten. Er versuchte zu rufen. Aber seine Stimme versagte. Er war völlig hilflos. Da fing die Katze an zu miauen. Laut und immer lauter.

Postfach 102251
45422 Mülheim an der Ruhr
www.verlagruhr.de

9 Zwischenüberschriften finden – Texte gliedern

Fräulein Lola Buchsbaum

Sie wohnte mit ihren Eltern und Geschwistern zehn Jahre lang in der Wohnung unter uns. Die Familie Buchsbaum hatte kaum eine Verbindung zu anderen Hausparteien, sie lebte still und zurückgezogen hinter der weißen Wohnungstür.

Die jüngste Tochter hieß Lola. Ich kann mich an das Lächeln erinnern, mit dem sie mir stets für den Gruß dankte.

Ein einziges Mal wagte ich, bei den Buchsbaums anzuklopfen. Ich hatte für ein Fest in der Volksschule ein Hirtenkostüm aus grünem Krepppapier bekommen, das wollte ich ihnen vorführen.

Danach sagte Fräulein Lola im Stiegenhaus zu meiner Mutter: „Sie sollten das Kind nur grün kleiden. Grün passt so schön zu den blonden Haaren."

Schon vor dem Einmarsch der deutschen Truppen zogen sie aus. Still und unauffällig, ohne Möbelwagen. Sie ließen, glaube ich, die Einrichtung in der Wohnung zurück.

Im Jahre 1938, als unsere Heimat nicht mehr Österreich, sondern Ostmark hieß, begegnete ich Fräulein Lola zufällig in der Wiener Innenstadt. Sie sah hübsch und gepflegt aus wie immer.

„Geht es Ihnen gut?", fragte sie. Ich war überrascht, dass sie mich nicht mehr duzte. Wir standen nur ein paar Minuten beisammen. Fräulein Lola war unruhig, sie schaute sich dauernd um. Und plötzlich sagte sie: „Wir werden uns schnell verabschieden. Mir kann ja nichts geschehen, ich habe jetzt die Schweizer Staatsbürgerschaft. Aber für Sie könnte es gefährlich werden, wenn jemand Sie mit mir zusammen sieht."

Sie gab mir nicht die Hand zum Abschied. Sie ging mit hastigen Schritten davon. Fräulein Lola Buchsbaum hatte Angst, mir zu schaden. Sie wollte mir keine Schwierigkeiten machen.

Fräulein Lola Buchsbaum war Jüdin.

Vera Ferra-Mikura: Fräulein Buchsbaum. In: Damals war ich 14. Berichte und Erinnerungen von Winfried Bruckner u.a. Wien/München 1978, S. 36 f.

10 Schlüsselwörter finden – Infos erhalten

Schlüsselwörter führen zu den wichtigsten Infos

Wenn du im Unterricht über einen Text sprechen willst oder wichtige Informationen aus einem Text herausarbeiten möchtest, dann helfen dir die so genannten **Schlüsselwörter. Das sind Begriffe und Wortgruppen im Text, die für den Inhalt besonders wichtig sind und die du dir merken solltest.** Solche Schlüsselwörter musst du selbst finden. Die Überschrift kann dir dabei helfen. Im Text solltest du Schlüsselwörter unterstreichen oder mit dem Textmarker kennzeichnen. Du kannst auch Zusatzinformationen zu den Schlüsselwörtern im Text unterstreichen – aber sparsam, damit du den Überblick nicht verlierst!

1. **Lies die Überschrift des Textes auf Seite 57 und sieh dir die Abbildung und die Bildunterschrift an! Welches Thema hat der Text und was weißt du über das Thema?**

____

____

____

____

2. **Lies den ersten Absatz des Textes!**

3. **Unterstreiche die Schlüsselwörter, also die Wörter, die dich zu den wichtigsten Informationen aus dem ersten Textabschnitt führen.**

4. **Schreibe nun mit Hilfe der unterstrichenen Wörter oder Wortgruppen einen kurzen Text – höchstens zwei bis drei Sätze – und trage ihn in der Klasse oder am Gruppentisch vor.**

____

____

____

____

____

5. **Lies nun den ganzen Text und kläre die dir unbekannten Wörter!**

10 Schlüsselwörter finden – Infos erhalten

6. Überprüfe, ob du die Informationen aus dem Text richtig verstanden hast. Bei jeder Aufgabe ist nur eine Aussage richtig. Kreuze an!

A

- ☐ 1. Märchen gibt es bei allen Völkern der Erde.
- ☐ 2. Märchen gibt es nur bei den Europäern.
- ☐ 3. Märchen sind nicht miteinander verwandt.

B

- ☐ 1. Märchen werden nur in Büchern aufgeschrieben.
- ☐ 2. Märchen werden schon seit Jahrtausenden mündlich erzählt und immer weitererzählt.
- ☐ 3. Der Anfang ist nie eine besondere Situation.

C

- ☐ 1. Die Zahlen spielen im Märchen keine besondere Rolle.
- ☐ 2. Märchen beginnen immer mit „Es war einmal …“
- ☐ 3. Märchen sind stets einfache und unterhaltsame Geschichten aus alten Zeiten.

D

- ☐ 1. Die Personen im Märchen sind stets gegensätzlich: gut – böse, arm – reich, klug – dumm usw.
- ☐ 2. Am Ende der Märchen siegt nie das Gute.
- ☐ 3. Sprüche, Verse und Zauberformeln kommen im Märchen selten vor.

E

- ☐ 1. Die Brüder Grimm hörten die Märchen im Radio und schrieben sie auf.
- ☐ 2. Die Brüder Grimm haben die bekannteste deutsche Märchensammlung „Kinder- und Hausmärchen“ aufgeschrieben.
- ☐ 3. Märchen sind am schönsten in Filmen, auf CDs oder als Comics.

7. Lies nun den Text zum zweiten Mal und unterstreiche die Schlüsselwörter! Du musst also die Wörter oder Wortgruppen unterstreichen, die besonders wichtig sind.

Ein Tipp: Stelle dir vor, du sollst vor der Klasse einen Vortrag über Märchen halten, in dem die wichtigsten Informationen über Märchen vorkommen. Welche Wörter aus dem Text würdest du unterstreichen und dir merken?

8. Schreibe nun die unterstrichenen Schlüsselwörter in dein Heft. Das sind deine Stichwörter. Sie erinnern dich bei deinem Vortrag an die wichtigsten Informationen aus dem Text.

10 Schlüsselwörter finden – Infos erhalten

9. Nun halte einen Vortrag über Märchen an deinem Gruppentisch oder vor der Klasse. Deine Schlüsselwörter helfen dir dabei.

Ein Märchen-Silbenrätsel

A – A – BRE – CHEN – CHEN – CHEN – DER – DER – DIN – DIE – DIE – DORN – FRAU – FROSCH – GRE – HÄN – HOL – KAN – KÖ – LA – LAM – LE – MER – MU – NA – NIG – PE – PEL – PUT – RÖS – RUM – SCHEN – SEL – SCHNEE – SE – SI – STADT – STILZ – TEL – TEL – TEN – UND – UND – WITT – WUN – ZWERG

10. Wenn du die Silben richtig zusammensetzt, findest du 10 Märchen! Schreibe diese 10 Märchen, nach dem Alphabet geordnet, in das Kästchenschema!

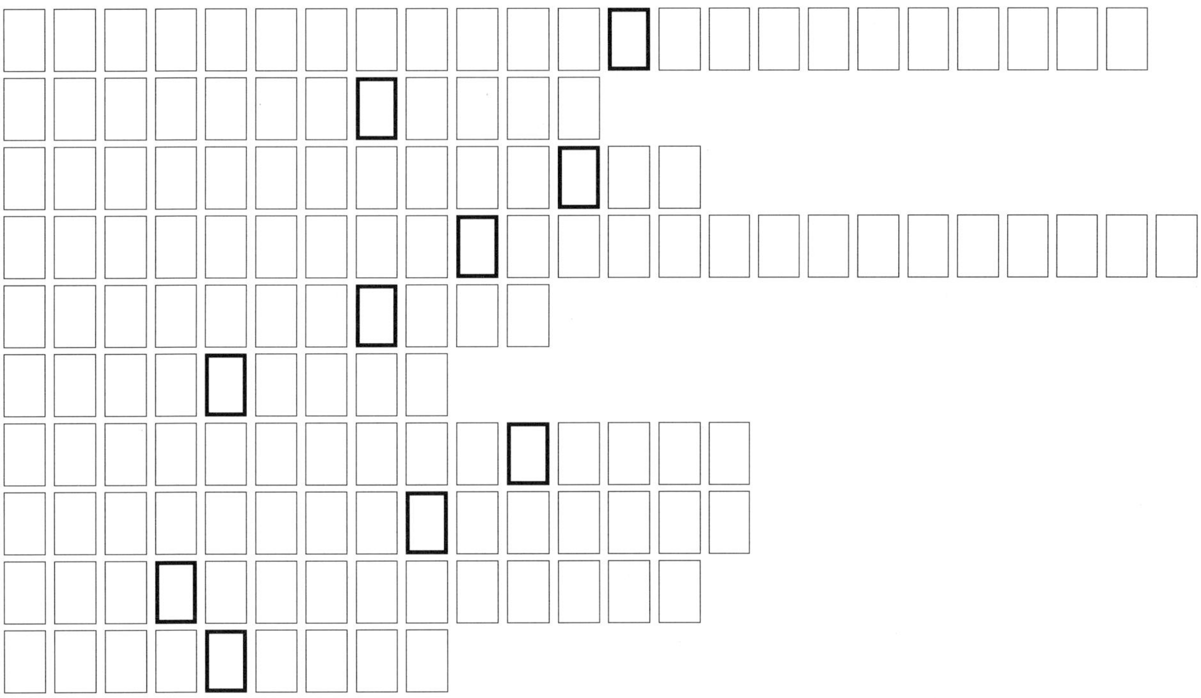

11. Wenn du nun die Buchstaben in den markierten Kästchen von oben nach unten aufschreibst, findest du das Lösungswort. Es ist ein Zaubergegenstand, den viele Menschen gerne besitzen möchten, den es aber nur im Märchen gibt – oder?

Lösungswort: ______________________________

12. Finde mehr über Märchen heraus und lerne neue Märchen aus anderen Ländern kennen. Erzählt euch in der Klasse oder im Freundeskreis gegenseitig Märchen und schreibt sie auf! Tragt sie in der Klasse vor!

Ein Märchen – was ist das?

Märchen wurden schon seit Jahrtausenden von den Menschen mündlich erzählt und immer weitererzählt. Es gibt sie bei allen Völkern der Erde, von den Chinesen bis zu den Indianern, von den Eskimos bis zu den Eingeborenen in den Urwäldern. Viele dieser Märchen sind miteinander verwandt und haben einen ähnlichen oder sogar den gleichen Inhalt. Ein alttürkisches Märchen erzählt zum Beispiel von einem männlichen Dornröschen. Das Aschenputtel, das es weltweit in über 300 Abwandlungen gibt, ist in Schweden ein Aschenpeter. Das Märchen „Frau Holle" gibt es weltweit sogar in 900 Abwandlungen.

Märchen sind stets einfache und unterhaltsame Geschichten aus alten Zeiten. Deswegen beginnen viele von ihnen mit „Es war einmal ...". Fast immer ist am Anfang eine besondere Situation, jemand gerät in Gefahr oder es fehlt die Mutter oder Geld zum Leben. Die Personen sind stets gegensätzlich: gut – böse, klug – dumm, arm – reich usw. Daraus entwickelt sich die Handlung. Oft kommen Zauberdinge und Zauberwesen hinzu, die den Menschen helfen oder sie verderben wollen, zum Beispiel Hexen, Feen, sprechende Tiere oder Pflanzen. Eine besondere Rolle spielen im Märchen auch Zahlen (drei Wünsche, sieben Töchter ...), Sprüche oder Verse und Zauberformeln, mit denen die Menschen verzaubert oder erlöst werden. Am Ende siegt in den Märchen jedenfalls meist das Gute und die Schlussformel lautet oftmals: „... und sie lebten vergnügt bis an ihr Ende."

Jacob und Wilhelm Grimm, nach einer Radierung ihres dritten Bruders Ludwig Emil Grimm

Woher kommen die Märchenbücher, die wir haben? Die bekannteste deutsche Märchensammlung, „Kinder- und Hausmärchen", stammt von den Brüdern Jacob und Wilhelm Grimm. Eine Märchenerzählerin in einem Dorf bei Kassel, die Bäuerin Dorothea Viehmann, erzählte ihnen viele Märchen. Die Brüder Grimm schrieben die Märchen so auf, wie sie ihnen mündlich erzählt wurden. Später haben sie die Märchen oft noch mehrere Male überarbeitet. Inzwischen gehören die Märchen der Brüder Grimm zu den berühmtesten Geschichten in der ganzen Welt.

Märchen findet ihr heute nicht nur in Büchern, es gibt sie auch auf Schallplatten, CDs und Kassetten, als Verfilmungen und als Comics. Am schönsten sind sie aber, wenn sie wie früher einfach erzählt werden.

Wortstark 5. Themen und Werkstätten für den Deutschunterricht. Hannover 1996, S. 140.

Postfach 102251
45422 Mülheim an der Ruhr
www.verlagruhr.de

Texte strukturieren – Inhalte deutlich machen

11

Schaubilder helfen, sich Inhalte besser zu merken

„Merke dir das Wichtigste aus dem Text!“, heißt oft die Aufgabe im Politik-, Erdkunde-, Musik- oder Biologieunterricht. In fast allen Fächern musst du Sachtexte lesen, deren Inhalt du richtig erfassen und dir merken sollst – entweder zur Vorbereitung auf die nächste Stunde, auf eine Klassenarbeit oder ein Referat. Die **strukturierte Texterfassung** ist auch oft Ausgangspunkt für das Unterrichtsgespräch. Je sicherer du sie beherrschst, desto besser kannst du mitreden.

Um dir diese Aufgabe zu erleichtern, gibt es verschiedene Methoden, die wichtigsten Textinhalte in einem Schaubild zusammenzustellen: der Cluster, die Tabelle und das Baumdiagramm. Sie helfen, Gedanken und Informationen aus Texten übersichtlich zu ordnen.

Cluster[1]

Du stellst zu einem Schlüsselbegriff aus dem Text die Wörter und Wortgruppen zusammen, die inhaltlich zu diesem Schlüsselbegriff passen. Welche Schlüsselbegriffe du auswählst, hängt von der Fragestellung ab, die du an den Text stellst.

Beispiel:

Wenn du aus einem Text über Indianer Informationen über ihre Lebensweise herausarbeiten willst, markierst du die Textstellen und gruppierst die Wörter oder Wortgruppen um den Schlüsselbegriff „Lebensweise der Indianer“ herum. Auf diese Weise kannst du dir die Informationen besser einprägen.

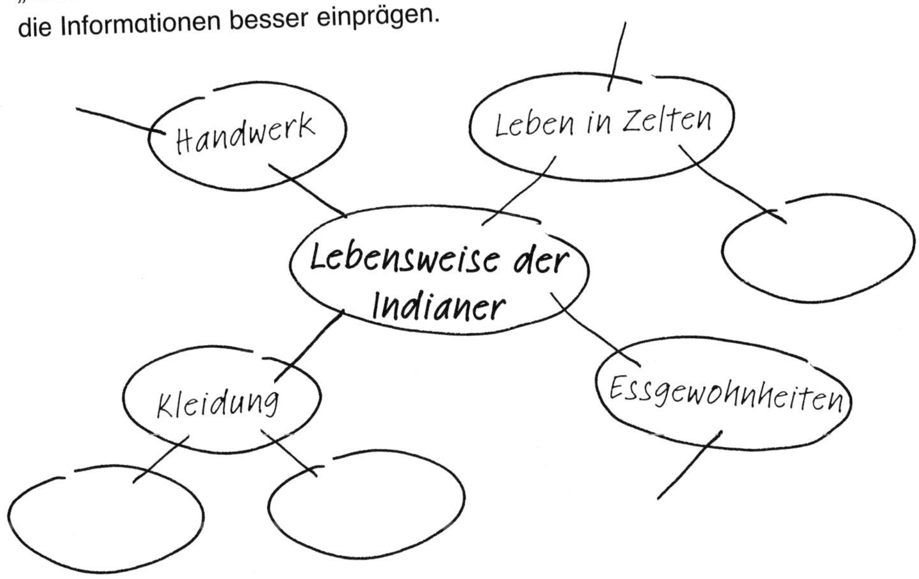

1) Das Wort „Cluster“ kommt aus dem Englischen. Es wird „Klaster“ ausgesprochen.

Postfach 102251
45422 Mülheim an der Ruhr
www.verlagruhr.de

11 Texte strukturieren – Inhalte deutlich machen

Tabellen

Auch Tabellen helfen dir, eine inhaltliche Übersicht über den Text zu bekommen. Du gehst von den Schlüsselbegriffen des Textes aus und listest sie in einer Tabelle auf. Auch hierbei hängen die Schlüsselbegriffe von deiner Fragestellung ab. Dann ergänzt du zu diesen Begriffen die wichtigsten Informationen aus dem Text und stellst sie in einem Kasten zusammen.
Beispiel: Aus einem Text über Rap-Musik erarbeitest du eine Übersicht über die zeitliche Entstehung der Musik oder die verschiedenen Richtungen, die es gibt. Du kannst in dieser Tabelle dann immer wieder nachschauen und dir die Inhalte besser merken.

Anfang der 70er Jahre	Entstehung einer neuen Musikkultur in der Bronx (New York)
1979	Mit „Rapper's Delight" von der SUGARHILL GANG kommt die erste Rap-Platte auf den Markt.
1983	RUN DMC, eine der wichtigsten Gruppen der Hip-Hop-Geschichte, führt weiße Heavymetal-Musik in die Rap-Musik ein.
…	…

Baumdiagramm

Du markierst in einem Text die Schlüsselbegriffe und die Wörter und Wortgruppen, die dazugehören. Diese setzt du dann in Beziehung zueinander, das heißt, du versuchst herauszufinden, wie sie logisch zusammenhängen. Diese Zusammenhänge machst du dann durch Striche oder Pfeile deutlich, die du nebeneinander, untereinander oder übereinander anordnest, sodass das Gebilde aussieht wie die Verästelung eines Baumes.
Beispiel:
Wenn du einen Text zum Thema „Gewalt an Schulen" lesen sollst, in dem über die verschiedenen Formen, die Ursachen und die Folgen von Gewalt die Rede ist, kannst du dir mit Hilfe des Baumdiagramms gut die Zusammenhänge verdeutlichen. Meistens helfen dir auch hier bestimmte Fragestellungen dabei, das Baumdiagramm zu erstellen.

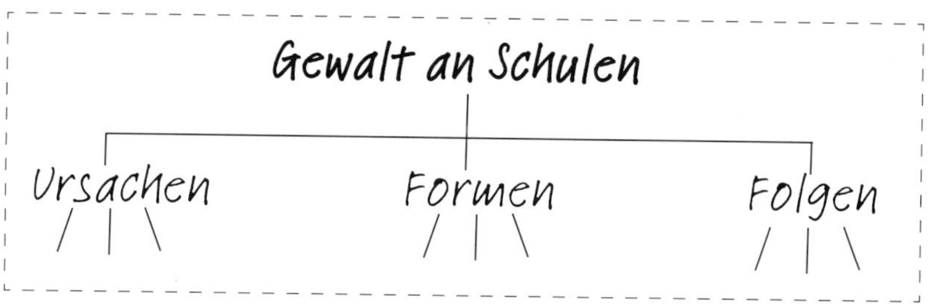

© Verlag an der Ruhr
Postfach 102251
45422 Mülheim an der Ruhr
www.verlagruhr.de

11 Texte strukturieren – Inhalte deutlich machen

Die drei Methoden sind nicht für alle Texte gleich gut anwendbar, und du musst jeweils entscheiden, welche Strukturierungsmethode für deinen Text am sinnvollsten ist. Dabei solltest du von der Fragestellung an den Text ausgehen.

Für alle Methoden ist das Markieren des Textes durch Unterstreichen eine gute Vorarbeit. Das geht natürlich nur bei Texten, die du nicht ausgeliehen hast. Wichtig ist außerdem, dass du die Texte mehrere Male liest.

Im Folgenden kannst du an drei Beispielen die verschiedenen Methoden der Textstrukturierung üben. Dabei wirst du feststellen, dass die Herstellung eines Baumdiagramms am schwierigsten ist, da du den Text dafür sehr gründlich lesen und verstehen musst.

I. Cluster

1. **Lies die Überschrift des Textes auf Seite 64 und berichte, was du über das Thema weißt!**
2. **Lies nun den ganzen Text!**
3. **Lies den Text ein zweites Mal und markiere die Textstellen, die über die Herkunft, das Denken und das Handeln von Kolumbus Auskunft geben.** – Schlüsselbegriffe unterstreichen
4. **Ergänze den Cluster zu dem Text über Kolumbus!**

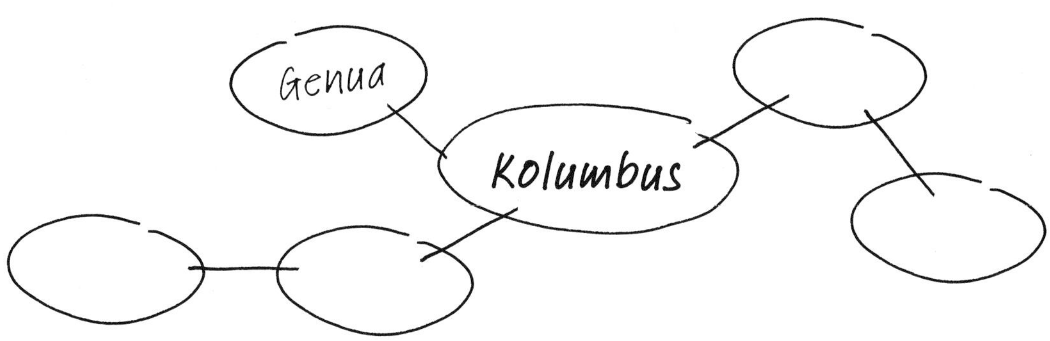

5. **Erzähle nun deiner Klasse von Kolumbus. Benutze dein Cluster als Stichwortzettel und zeichne es zur Veranschaulichung deines Vortrags an die Tafel. Du kannst die Stichwörter auch auf Buntkarton schreiben, ausschneiden und an die Pinnwand heften.**

11

Texte strukturieren – Inhalte deutlich machen

II. Tabelle

1. **Lies die Überschrift des Textes auf Seite 65 und den einleitenden ersten Abschnitt bis Zeile 4. Was weißt du über das Thema?**

____

2. **Lies nun den ganzen Text!**
3. **Lies den Text ein zweites Mal und kläre die dir unbekannten Begriffe.**
4. **Markiere die Textstellen, die über die einzelnen Entwicklungsschritte des Computers informieren.**
5. **Vervollständige die Tabelle, indem du die Entwicklungsschritte des Computers von den Anfängen bis heute übersichtlich zusammenstellst.**

Zeitraum	Entwicklungsschritte des Computers
1673	Der Mathematiker Gottfried W. Leibniz erfindet das duale Zahlensystem – den Grundstein für den binären Code.

6. Lies die Tabelle noch einmal aufmerksam und versuche nun, aus dem Gedächtnis die fehlenden Wörter in den Lückentext einzusetzen!

Die Entwicklungsgeschichte des Computers

Der Mathematiker Gottfried W. ______________ erfand im 17. Jahrhundert das ________________ ________________, den Grundstein für eine komplex arbeitende Rechenmaschine.

Im II. Weltkrieg 1941 brachte ein Bastler namens ______________ ______________ den ersten Computer auf den Markt. Er hieß _____ _____. Er hatte den Auftrag von der Luftfahrt erhalten.

Auch andere Nationen versuchten im Zweiten Weltkrieg Elektronenrechner zu erfinden, um die deutschen Codes zu knacken. Es waren ____________________ und ____________________ .

Nach Ende des Krieges wurde 1946 in den _________ ein Rechner fertiggestellt mit dem Namen ________________ . Da er aus riesigen Stahlschränken bestand, wurde er als __________________ __________________ charakterisiert.

Ab den 60er Jahren waren schon in vielen Ländern der Welt ______________________ aufgestellt.

Die Erfindung der ____________ im Jahre ____________ machte es möglich, dass die Geräte kleiner und leistungsfähiger wurden.

1975 konnte man sogar einen Computer-Bausatz für den Schreibtisch kaufen, der einfache Operationen ausführen konnte. Er hieß _______________________ und kostete _________ Dollar.

So konnten viele Bastler das Innere eines Computers kennen lernen.

Eine neue Ära in der Entwicklung der Computer wurde durch Paul Allen und ____________ ___________ eingeleitet, indem sie die Computersprache ____________ erfanden.

Nun konnte man mühevoll Programme schreiben, und der Computer wurde zum beliebten Hobby von Erwachsenen und Jugendlichen.

Für die weitere Entwicklung der Computer war die ________________ entscheidend, sie bewirkte, dass der Computer in immer mehr Lebensbereichen eingesetzt werden konnte.

Die ____________________ wurde immer handlicher und schöner gestaltet.

In den 80er Jahren begann dann die so genannte „ ________________ ____________________“, als sich Tausende von PCs zum ________________ zusammenschlossen.

Heute sind über _________ Millionen Menschen online und Mailen und Chatten ist aus unserem Alltag nicht mehr wegzudenken.

7. Wie wird die Entwicklung der Computer weitergehen? Schreibe deine Vermutungen und Vorstellungen in dein Heft!

8. Was können Computer heute? Informiere dich über die neuesten Entwicklungen im Computerbereich! Nutze dazu entweder das Internet, eine Computer-Fachzeitschrift oder gehe in ein Computer-Fachgeschäft!

11 Texte strukturieren – Inhalte deutlich machen

III. Baumdiagramm

1. **Lies die Überschrift des Textes auf Seite 67.
Hast du selbst schon einmal Neid von anderen erlebt oder dieses Gefühl selbst gespürt? Schreibe in dein Heft.**

2. **Lies nun den ganzen Text!**

3. **Lies nun den Text ein zweites Mal. Unterstreiche dabei die Textstellen, in denen du Antworten auf folgende Fragestellungen findest:**
   - **In welchen Situationen entsteht Neid und welche Gefühle sind damit verbunden?**
   - **Wie zeigt sich Neid äußerlich und innerlich?**
   - **Welche Ursachen hat das Neidgefühl und welche Reaktionen auf das Gefühl sind falsch und welche richtig?**

4. **Zeichne ein Baumdiagramm in dein Heft. Setze die Antworten von Aufgabe 3 zueinander in Beziehung: Gehe von dem Schlüsselbegriff „Neid" aus und trage dann am Ende der Linien die mit Neid verbundenen Gefühle, die Erscheinungsformen, die falschen und richtigen Reaktionen auf Neid und die Ursachen von Neid ein.**

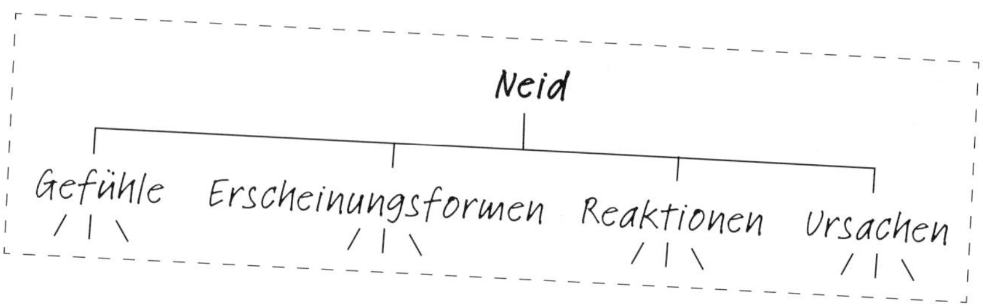

5. **Bist du der Meinung, dass man über Neidgefühle sprechen sollte?
Begründe deine Antwort – möglichst anhand von Beispielen.**

____

____

____

____

____

____

____

____

6. **Im Text ist am Schluss von raffinierten Tricks die Rede, um Neider zu beschwichtigen. Was hältst du davon?
Ist das Beispiel aus Ägypten für dich eine Lösung?
Diskutiere darüber in der Klasse oder am Gruppentisch!**

Kolumbus

Vor über 500 Jahren war Indien in den Augen der Europäer ein sehr begehrtes Land, weil es dort Gewürze, Elfenbein, Gold und Edelsteine gab. Die Kaufleute in Italien, Portugal und Spanien waren sehr am Handel mit Indien interessiert, denn sie versprachen sich dadurch große Reichtümer. Der Landweg nach Indien war aber durch die Türken und Araber versperrt. Deshalb musste ein Seeweg nach Indien gefunden werden.

Christoph Kolumbus aus Genua glaubte nicht wie die meisten Menschen seiner Zeit, dass die Erde eine Scheibe sei. Er vertraute den neueren wissenschaftlichen Forschungen, die davon ausgingen, dass die Erde eine Kugel sei und dass man Indien über das Meer erreichen könnte, wenn man immer nach Westen segelte. Er hielt diesen Seeweg für kürzer als den Landweg und stütze sich dabei auf Berechnungen des italienischen Wissenschaftlers Toscanelli.

Für seine Ideen fand Kolumbus die Unterstützung des spanischen Königspaares, insbesondere die der Königin Isabella. Am 3. August 1492 verließ er mit drei Schiffen, der Santa Maria, der Nina und der Pinta, den kleinen spanischen Atlantikhafen Palos. Viele Männer der Schiffsbesatzung waren Kriminelle, die sich durch diese Reise die Freiheit und großen Reichtum versprachen. Aber auch Männer, die von Kolumbus' Idee überzeugt waren, fuhren mit.

Da Kolumbus während dieser Reise ein Tagebuch verfasste, ist die Nachwelt über den Verlauf der Reise und die Probleme an Bord gut informiert. Die Fahrt dauerte viel länger, als Kolumbus angenommen hatte. Als nach zwei Monaten noch immer kein Land in Sicht war, begannen die Seeleute zu meutern, weil sie nicht mehr an ein glückliches Ende der Fahrt glaubten.

Kolumbus konnte sie besänftigen, und am 12. Oktober 1492 landeten die Entdecker auf einer bewaldeten Insel. Sie wurden am Strand von den Bewohnern der Insel begrüßt. Kolumbus beschrieb sie in seinem Tagebuch als gut aussehend, freundlich und herzlich. Er nahm die Insel im Namen der spanischen Königin in Besitz und nannte sie „San Salvador". Das bedeutet Heiliger Erlöser. Von dort aus segelte er weiter nach Kuba und Haiti.

Kolumbus glaubte bis an sein Lebensende, dass er an der Ostküste Asiens gelandet sei, er hatte aber einen für die Europäer neuen Kontinent entdeckt: Amerika.

Evolution eines Monsters

Die ersten Modelle füllten ganze Hallen, die heutigen passen in eine Hand. Die Geschichte des Computers zeugt von Einfallsreichtum und technischer Brillanz. Und sie lässt auf eine spannende Zukunft hoffen.

„Nun komm schon endlich! Haaallo, geht's hier mal weiter?" Claudia drückt ein ums andere Mal die Enter-Taste ihres Computers und beobachtet konzentriert den Bildschirm. „Ja, du Blödian, ich will das wirklich löschen." Noch vor wenigen Jahren hätte man Claudia für verrückt erklärt. Die spricht mit ihrem Computer! (...)

Dass Menschen eine persönliche Beziehung zu ihrem Computer haben, ist kulturgeschichtlich ein junges Phänomen. Es konnte nur geschehen, weil sich der Rechner zu einem handlichen Gerät wandelte, das auf den persönlichen Gebrauch zugeschnitten war und immer mehr konnte.

Den ersten Schritt auf dem Weg zum Computer hatte der Mathematiker Gottfried W. Leibniz bereits 1673 getan: Er erfand das duale Zahlensystem – ein Grundstein für den binären Code, mit dem sich jede Zahl durch eine Kombination aus den Zeichen 1 und 0 darstellen lässt. (...)

Konrad Ernst Otto Zuse

In Deutschland brachte der Tüftler Konrad Zuse 1941 den ersten Computer mit einer Programmsteuerung auf den Markt: den Z 3, eine Auftragsarbeit der Deutschen Versuchsanstalt für Luftfahrt. Der Z 3 sollte umfangreiche Rechenaufgaben lösen, für die Menschen Tage brauchten, und die Daten gleich verwalten.

Während des Zweiten Weltkrieges konstruierten Engländer und Amerikaner Elektronenrechner, die die deutschen Codes knacken sollten. Der 1946 in den USA im Auftrag der Armee fertiggestellte Rechner „Eniac" glich einem stählernen Monster, das eine ganze Halle füllte. Eniac bestand aus riesigen Stahlschränken, war mit 17 000 Elektroröhren vollgestopft, die wegen Überhitzung alle drei Tage ausgetauscht werden mussten. Eniac konnte binnen Minuten eine Quadratwurzel auf zehn Stellen hinter dem Komma ausrechnen. (...)

Die Angst vor der Maschine war von Anfang an da: Die Angst nämlich, dass sie sich aus ihrer Rolle als Diener des Menschen erheben und eine eigenständige Intelligenz entwickeln könnte.

Fortsetzung ➲

Evolution eines Monsters – Fortsetzung

(...) Inzwischen wissen wir: Die Maschine kann Schach spielen und Shakespeare lesen, aber ohne Erkenntnis oder Sinnenfreude.

Anfang der 60er standen bereits überall auf der Welt Großrechner. 1971 machte die Erfindung des Chips, jenes kleinen Wunderwerks aus winzigen Transistoren, die Geräte um vieles leistungsfähiger und kleiner.

1975 stellte das Magazin „Popular Electronics“ einen Computer-Bausatz vor, der auf einem Schreibtisch Platz hatte: „Altair 8800“ kostete 400 Dollar, und für den Zusammenbau brauchte man gut 100 Stunden. Das Gerät konnte nur einfachste Operationen, bescherte aber Heimbastlern das wonnige Gefühl, in das Innere eines Mediums eingreifen zu können – beim Fernsehen hatte es so etwas nie gegeben.

Nachbau des Z 3

Als Paul Allen und Bill Gates die Programmiersprache Basic erfanden, läuteten sie eine neue Ära ein: die der Freaks, die mühevoll Programme schrieben, sie auf Schulhöfen tauschten oder als Raubkopien luden.

Wer auch nur ein bisschen mit Computern zu tun hatte, erinnert sich an die flimmernden Kisten. Den Commodore 64, Computerspiele auf dem Atari, Labyrinthe und flackerndes Tischtennis. (...)

Die Hardware wurde hübscher und handlicher; doch letztlich war es die Software, die die Entwicklung vorantrieb. Als sich in den 80ern Tausende von PCs und abgeschlossenen Netzen zum Internet zusammentaten, begann das, was wir heute die digitale Revolution nennen.

Derzeit sind 410 Millionen Menschen online. Wir mailen und chatten. Wir telefonieren mit UMTS und tippen in winzige Palmtops. Wirklich cool. Bloß: Die nächste Generation, so ist zu befürchten, wird sich darüber mal wieder kaputtlachen.

Auszüge aus Regina Müller: Evolution eines Monsters. In: Journal. Beilage zum Hamburger Abendblatt, 15./16.6.2002, S. 8.

Texte strukturieren – Inhalte deutlich machen

Ein schwieriges Gefühl: Neid

Die Antwort des Zauberspiegels lässt die Königin fast zu Stein erstarren. Ihr Gesicht wird blass und wo eigentlich der Magen ist, fühlt sie eine große Leere. Hat sie den Spiegel richtig verstanden? Ist Schneewittchen tausendmal schöner als sie? Von diesem Moment an, so schreiben die Geschichtenerzähler Gebrüder Grimm, findet die Königin keine Ruhe mehr. Wie Unkraut wuchert in ihrem Herz ein vernichtendes Gefühl: Neid.

Die Märchenwelt kennt Neid nur bei Bösewichten. Im richtigen Leben aber empfindet jeder Mensch mal so wie die Königin: Zum Beispiel, wenn die Schwester eine größere Eiskugel bekommt oder ein anderer Stürmer vom Trainer gelobt wird, obwohl man selbst das Tor geschossen hat. In solchen Augenblicken fühlen wir uns ungerecht behandelt – und sind so richtig neidisch. Im Kopf toben dann die Gefühle durcheinander.

Wir sind traurig, weil der Trainer nicht uns auf die Schulter geklopft hat, sind wütend auf den Mitspieler und haben gleichzeitig Angst vor dem eigenen Versagen. Bin ich wirklich ein schlechterer Fußballer? Und als ob dieses Gefühlschaos noch nicht ausreichen würde, ärgern wir uns über uns selbst.

Ein wahrer Gefühlsmix, der einem so richtig die Laune verderben kann. Wie der allerdings in unserem Gehirn entsteht, haben die Wissenschaftler noch nicht herausgefunden. Bewiesen ist allerdings, dass unser Herz schneller schlägt und der Blutdruck steigt, wenn wir Neid empfinden. Rein äußerlich entlarvt sich ein Neider durch seinen Gesichtsausdruck – zusammengepresste Lippen, ein böser Blick und ein gequältes Lächeln gelten als eindeutige Zeichen.

Doch warum werden Menschen neidisch? Die Quelle dieses Gefühls ist unsere eigene Unzufriedenheit. Je unglücklicher wir über unser eigenes Leben sind, desto eher beneiden wir andere. Das neue Fahrrad des Schulfreundes lässt uns gleich vermuten, sein Besitzer sei damit zufriedener als wir mit unserem alten Drahtesel – und schon brodelt der Neid in uns.

Dabei vergessen wir, dass unser Klassenkamerad vielleicht drei Jahre lang sparen musste, um sich das Fahrrad kaufen zu können. Neider sehen nur den Erfolg des anderen – und denken nicht über dessen Preis nach.

Leider reden die Menschen kaum über ihre Neidgefühle. Zu tief steckt die Angst, als schadenfroh und hinterlistig zu gelten. Kein Wunder: Die Bibel zählt Neid zu den sieben Todsünden! Neidische Menschen, heißt es dort, seien berechnend und herzlos und würden die Gemeinschaft zerstören.

Fortsetzung ➲

© Verlag an der Ruhr
Postfach 10 22 51
45422 Mülheim an der Ruhr
www.verlagruhr.de

Ein schwieriges Gefühl: Neid – Fortsetzung ➲

Das ist aber nur die halbe Wahrheit. Richtig ist: Neidgefühle können schaden. Gefährlich werden sie, wenn wir auf unsere Traurigkeit, Wut und Angst mit Gewalt reagieren. Stellt euch vor, ihr lasst vor lauter Neid die Luft aus dem neuen Fahrrad eures Kumpels und redet schlecht über ihn. Die Freundschaft wäre garantiert zerstört.

Wer aber den Mut besitzt, bei sich selbst nach den Neid-Gründen zu suchen, der kann das Grummel-Gefühl sogar als neue Chance sehen. Manchmal spornt es an, sich noch mehr anzustrengen. Oder man merkt irgendwann, dass man Talente hat, die derjenige, den man beneidet, nicht im Ansatz zu bieten hat. Dann macht es gar nichts mehr aus, dass der andere vielleicht ein Sportstar an der Schule ist. Was soll's? Auf die eigenen Stärken kommt es an: Vielleicht könnt ihr unheimlich gut malen oder mit Tieren umgehen oder Gedichte schreiben. (...) Darauf könnt ihr genauso stolz sein wie der andere auf seine schnellen Beine.

Kann man etwas dafür tun, damit Neid erst gar nicht aufkommt? Na ja, eine Patentlösung gibt es dafür wohl nicht. Aber manche Menschen denken sich raffinierte Tricks aus, um Neider zu beschwichtigen.

In Ägypten zum Beispiel hängen sich manche Besitzer großer Autos einen alten, zerschlissenen Schuh an den Kühler. Das soll ganz einfach heißen: „Leute, ich bin nicht zu beneiden. Ich besitze zwar dieses Riesenauto – aber das ist so oft kaputt, dass ich mir bereits die Sohlen durchgelaufen habe."

Sina Löschke: Ein schwieriges Gefühl: Neid. In: Geolino. Hamburg, Juli 2002, S. 20–23.

Bausteine anwenden – Inhalte verstehen

Alle Bausteine zusammen erleichtern das Textverständnis

Du hast nun alle 11 Bausteine zum Leseverstehen durchgearbeitet. Wichtig ist, dass du sie nicht gleich wieder vergisst, sondern im Unterricht oder auch in der Freizeit sinnvoll nutzt.
Denn du weißt: *Texte richtig erfassen und sich den Inhalt merken, ist sehr wichtig für den Alltag, die Schule und den Beruf.*
Rufe dir die Hinweise aus den einzelnen Bausteinen noch einmal ins Gedächtnis. Du kannst dir auch ein Lernplakat dazu anfertigen und an deinem Schreibtisch aufhängen. Gehe davon aus, dass du einen Text insgesamt dreimal lesen musst, wenn du ihn mit den Bausteinen sinnvoll bearbeiten willst.

Erstes Lesen

Baustein 1:
Achte auf die Überschrift des Textes (wenn vorhanden auch auf Zwischenüberschriften). Überschriften geben dir wichtige Hinweise zum Thema des Textes. Aktiviere dein Vorwissen zu dem Thema.

Baustein 2:
Betrachte Abbildungen zum Text. Das können Zeichnungen, Fotos, Grafiken, Landkarten o. Ä. sein. Auch sie geben dir Hinweise zum Inhalt des Textes.

Baustein 3:
Bestimme die Textsorte und überprüfe, ob der Text mit deinen Vorstellungen über die Textsorte übereinstimmt.

Baustein 4:
Versuche möglichst viele Wörter aus dem Textzusammenhang (Kontext) zu klären. Der Kontext gibt dir Hinweise auf die Bedeutung einzelner Wörter.

Baustein 5:
Markiere dir unbekannte Wörter und versuche, sie mit Hilfe von Lexika und Wörterbüchern oder durch den Vergleich mit anderen Sprachen zu klären.

Baustein 6:
Stelle W-Fragen an den Text, sodass du Informationen über Personen, Ort, Zeit und Verlauf der Handlung erhältst.

Bausteine anwenden – Inhalte verstehen

Zweites Lesen

Baustein 7:
Achte auf Konjunktionen zwischen den Wörtern, Wortgruppen und Sätzen. Sie zeigen, wie sie verknüpft sind.

Baustein 8:
Beachte die Personalpronomen. Sie helfen dir, die Beziehung zwischen den Sätzen zu erkennen.

Baustein 9:
Markiere die Schlüsselwörter. Das sind Gedanken und Begriffe, die für den Inhalt besonders wichtig sind. Orientiere dich hierzu an der Überschrift des Textes oder an den Fragestellungen zum Text.

Baustein 10:
Finde Zwischenüberschriften zu den einzelnen Textabschnitten, die das Wichtigste aus den einzelnen Absätzen zusammenfassen.

Baustein 11:
Mache dir Notizen zum Text. Entscheide, wie du Wesentliches aus dem Text schriftlich festhältst: durch Cluster, Tabelle oder Baumdiagramm. Alle drei Methoden helfen dir, die Gedanken und Informationen des Textes sinnvoll zu ordnen.

Drittes Lesen

Lies abschließend den gesamten Text noch einmal durch und überprüfe dabei deine Aufzeichnungen. Ergänze sie notfalls und kontrolliere, ob alle Fragen geklärt sind.

Du denkst sicher, dass die Textbearbeitung mit Hilfe der Bausteine sehr viel Zeit kostet und mühsam ist. Am Anfang ist das tatsächlich so. Mit der Zeit wirst du aber merken, dass Textverständnis für dich kein Problem mehr sein wird und dass du den Lernstoff besser behalten kannst und dich aktiver am Unterrichtsgespräch beteiligen wirst.

12

Bausteine anwenden – Inhalte verstehen

Lernkontrolle: Wie arbeitest du mit Texten, die du nicht kennst?

1. **Bitte lies dir die Fragen sorgfältig durch! Kreuze eine der Antworten an und beantworte anschließend die weiteren Fragen schriftlich! Schreibe in dein Heft, wenn der Platz nicht reicht.**

   a) **Liest du gern Texte?** ☐ ja ☐ manchmal ☐ nein ☐ weiß nicht

   b) **Schreibe eine Begründung für die Antwort auf, die du angekreuzt hast!**

   ____

   ____

   ____

   ____

   ____

   ____

2. **Schreibe auf, wie du mit einem Text arbeitest, den du nicht kennst.**

   ____

   ____

   ____

   ____

   ____

   ____

   ____

3. **Lies nun die Überschrift des Textes auf Seite 75 und den ersten Absatz. Welches Thema hat der Text? Was weißt du über das Thema?**

   ____

   ____

   ____

Postfach 102251
45422 Mülheim an der Ruhr
www.verlagruhr.de

12

Bausteine anwenden – Inhalte verstehen

4. **Lies nun den ganzen Text!**
   Unterstreiche dabei die dir unbekannten Wörter!
   Beachte die Abbildungen!

5. **Schreibe auf, wie du die unbekannten Wörter geklärt hast, ohne ein Wörterbuch zu Hilfe zu nehmen! Gib drei Beispiele!**

6. **Um welche Textsorte handelt es sich bei dem Text?**
   Begründe deine Antwort!

7. **Stelle W-Fragen an den Text und beantworte sie!**

8. **Lies nun den Text ein zweites Mal!**
   Finde Zwischenüberschriften zu den ersten beiden Abschnitten.

9. **Stelle die wichtigsten Informationen über Dee in einem Schaubild zusammen!**

12 Bausteine anwenden – Inhalte verstehen

10. Schreibe deine Meinung zu Dee und seiner Arbeit als Choreograph und begründe.

11. Jetzt kannst du abschließend überprüfen, ob du den Text richtig verstanden hast: Lies den Text noch einmal durch und kreuze die richtigen Sätze auf S. 74 an!

Aufgaben

1. Bearbeite den Text „Zwei WM-Helden – aber nur ein Sieger“ auf S. 77 selbstständig mit Hilfe der Bausteine unter der Fragestellung: Warum wird Oliver Kahn als WM-Held gefeiert?

2. Bist du auch der Meinung, dass Oliver Kahn ein Held ist? Begründe deine Meinung!

Bausteine anwenden – Inhalte verstehen

(A) Der Tanz-Workshop mit Dee findet in
- ☐ **1.** Leipzig statt.
- ☐ **2.** Hamburg statt.

(B) Die Teilnehmer müssen
- ☐ **1.** 40 Euro Beitrag zahlen.
- ☐ **2.** 49 Euro Beitrag zahlen.

(C) Dee hat für die Popgruppen Bro'Sis und No Angels
- ☐ **1.** die Songs komponiert.
- ☐ **2.** die Choreographie entworfen und einstudiert.

(D) Durch seine Kindheit in einem Waisenhaus hat Dee
- ☐ **1.** sehr viel Härte gelernt.
- ☐ **2.** es einfacher gehabt, sich durchzusetzen.

(E) Das Tanztraining ist sehr anstrengend und beginnt mit
- ☐ **1.** einem Warm-up.
- ☐ **2.** einer Massage.

(F) Der besondere Kick des Workshops ist, dass
- ☐ **1.** alle sich anstrengen, bis sie nicht mehr können.
- ☐ **2.** alles ganz easy ist.

(G) Beim Tanzen und Einstudieren der Schritte soll man
- ☐ **1.** nicht in den Spiegel schauen.
- ☐ **2.** möglichst selbstkritisch seinen Körper und seine Bewegungen betrachten.

(H) Dee beobachtet die Tänzer, tanzt vor und
- ☐ **1.** korrigiert ihre Haltungen.
- ☐ **2.** kritisiert hart, wenn man nicht mit den Schritten zurechtkommt.

(I) Die Workshopteilnehmer verabschieden Dee
- ☐ **1.** mit großer Enttäuschung.
- ☐ **2.** mit einem dicken Applaus.

12

Bausteine anwenden – Inhalte verstehen

„Könnt ihr noch?“

Selbst Papa hat sich frei genommen und Janine, 13, und deren gleichaltrige Freundin Stephanie aus einem 500 km entfernten Städtchen bei Leipzig nach Hamburg in die Tanzschule „Die 2“ gekarrt. Gleich wird er kommen: Dee, der Mann, der die Popstars zum Tanzen bringt. Der Choreograph gibt gerade in 20 deutschen Städten Workshops für all diejenigen, die auch mal tanzen wollen wie die No Angels. (...)

Noch ist die Luft frisch im verspiegelten Tanzraum. Caro, 16, will heute alles geben, ihre Grenzen kennen lernen. „Einmal von diesem Typen trainiert werden!“, schwärmt sie und ist sicher, dass die 49 Euro, die sie mühsam zusammengespart hat, gut investiert sind. Ihre Pläne sind ziemlich konkret: Erst die Tanzausbildung zu Ende bringen, dann selbstständig machen. (...)

Endlich ein Junge! Der zwölfjährige Timo mischt sich schüchtern unter die Mädchen-Ansammlung. Seine Eltern haben ihn angemeldet, weil er schon immer mal so etwas machen wollte. „Hoffentlich bleibe ich nicht der einzige Junge hier“, sagt er. (...)

Und dann steht er in der Tür: der derzeitige Vortänzer der Nation, der auch Bro'Sis, Sarah Connor und Jeanette tänzerisch on Tour bringt und nebenbei für Amateur-Workshops quer durch Deutschland reist. Einmal Dee zum Anfassen, bitte! In angespannter Erwartungshaltung, als müsse in Sekunden der erste Donnerschlag grollen, blicken hundert Augenpaare auf den farbigen, baumlangen, durchtrainierten Mann, den Millionen Teenies durch RTL 2 hasslieben lernten, als er in der Serie Popstars herumbrüllte und den späteren No Angels mit Schritt und Tritt zur Seite stand.

„Hallo, ich bin Detlef“, stellt er sich vor. Detlef? In Ost-Berlin geboren, Mutter arbeitete in einer Nähmaschinenfabrik, starb früh. Den Vater, Oberarzt in Ghana, kennt er nicht. Ein Heimkind, und farbig dazu, hat gelernt, sich durchzusetzen und hat es geschafft. Mit dieser Härte bringt er als Coach auch andere dazu, es zu schaffen. Und genau das wollen heute die Workshop-Teilnehmer. Doch jetzt steht da ein Detlef, der zu ihnen spricht wie zu einer Kindergartengruppe, erklärt das Programm, mit einem soften Sound in der Stimme, als handelte es sich beim Warm-up, mit dem sie beginnen würden, um eine Massage. Eingelullt sitzen die Teenies noch da, als ein heftiges „Stellt euch hin!“ die Watte, die fühlbar im Raum hängt, zerschneidet. Na, endlich! Schultern straffen sich. Sekundenschnell nehmen ungelenke Füße und solche, die schon wissen, wo es langgeht, den Tanzboden ein. „Musik!“, grölt Dee.

Fortsetzung ➲

„Könnt ihr noch?" – Fortsetzung

Und was dann kommt, ist alles andere als eine kuschelige Angelegenheit: minutenlanges Kreisen der ausgestreckten Arme. Und lächeln! (...) Dee fragt: „Wer glaubt, er schafft keine 150? Der kann rausgehen, Pause machen." Dieser eindringliche Blick, gekoppelt an sein verständnisvolles Angebot! Ist das der Kick? 150 Situps und keiner geht raus! (...)

Im Tanzraum bleibt der Boden fest unter den Füßen, sind die Ziele klar: eine Übung für Beine und Gesäß. Vier Stationen runter, vier Stationen hoch! Klingt easy, ist es aber nicht. Besonders dann nicht, wenn man gerade in der Notdurfthaltung fast am Boden klemmt, dabei schon weiß, dass die weichen Knie gleich den ganzen Körper wieder stufenweise hochdrücken müssen und der Glatzkopf da vorne grinsend brüllt: „Macht's Spaß?" Und wenn er nach dem 20sten Mal fragt: „Könnt ihr noch?", halten alle noch mindestens zehn Mal durch.

Nach diesen Vorübungen geht es endlich ans richtige Tanzen. Also, zuerst nur das linke Bein kreuzen, gekreuzt springen, dann das andere Bein vor ... wo bleiben die Arme? ... ach ja, die klatschen auf die Oberschenkel. Immer wieder. „1, 2, 3, 4, und 5 und 6 und 7 und 8." Nur fünf Minuten Zeit, um die erste Schrittfolge zu lernen. „Guckt, wie euer Körper funktioniert!" Erst trocken üben, dann mit Musik, den selbstkritischen Blick auf den Spiegel gerichtet. „Die Arme wie eine Maschine wegstoßen." Geht klar! Aber bei Bro'Sis sieht das anders aus.

Schweiß trieft, die Luft steht. Dees Blick ist überall, er korrigiert Haltungen, fragt: „Wo hängst du?", wenn jemand verzweifelt über eine Stelle der Schrittfolge nicht hinauskommt, tanzt vor, lobt, wenn es klappt. (...)

Nachdem ungefähr das 197ste Mal NSYNC's „Baby, you're not the only one" durch den Tanzsaal gedröhnt und das Arme- und Beinesortieren unterschiedlich gut gelungen ist, verabschiedet sich Dee mit einem dicken Applaus, einem Stapel Autogrammkarten und einem Lächeln, das er immer wieder für die privaten „Der-Popstar-Trainer-und-ich"-Fotos auflegt. (...) Mit seligen Blicken aus rot angelaufenen Gesichtern wuseln die Mädchen durch den Vorraum. Vier Achter-Schrittfolgen, ungefähr 26 Sekunden einer Choreographie, können sie mit nach Hause nehmen. Und einen riesengroßen Muskelkater.

Auszüge aus Barbara Fenner: „Könnt ihr noch?"
In: Magazinchen. Beilage der Frankfurter Rundschau, 13.7.2002, S. 8.

Zwei WM-Helden – aber nur ein Sieger

Diese Bilder werden noch lange in Erinnerung bleiben. Als der italienische Schiedsrichter Pierluigi Collina das Endspiel um die 17. Weltmeisterschaft im „Internationale Yokohama Stadium“ abpfiff, nahm Oliver Kahn einen Schluck aus seiner gelben Plastikflasche, warf sie und seine Handschuhe wütend weg. Dann machte sich beim Keeper eine lange, lähmende Leere breit.

Fassungslos lehnte er am linken Pfosten seines Tores, blickte ins Nichts und sank schließlich zu Boden. Bundestrainer Michael Skibbe, die Spieler, einige Betreuer und DFB-Teamchef Rudi Völler gingen zu ihm, um ihn zu trösten. Bemerkenswert: Während die Brasilianer in der anderen Hälfte feierten, lief deren Kapitän Cafu extra über den Platz, um Kahn die Hand zu schütteln.

Vergessen waren in diesen Minuten die herausragenden Paraden der ersten sechs WM-Spiele, verdrängt die Reflexe, mit denen der Keeper des FC-Bayern einen Rückstand gegen Brasilien verhindert hatte. Bis zur 67. Minute. Dietmar Hamann verlor den (nassen) Ball an Rivaldo, dessen haltbarer Schuss aus 17 Metern rutschte Kahn aus den Händen und Ronaldo staubte ab zum 0:1.

Die Schlüsselszene des Endspiels war eine der faszinierendsten und zugleich tragischsten Geschichten, wie sie eben nur der Fußball schreiben kann. Die WM, bis dahin ein Turnier der Kollektive, wurde mit Ronaldo und Kahn von den beiden herausragenden Spielern des Turniers entschieden. Und Kahn war dabei, obwohl er einer der unbestrittenen WM-Helden ist, der Verlierer.

Schon vor dem Finale war Kahn für seine Leistungen in Südkorea und Japan gewürdigt worden. Der Kapitän der Nationalelf wurde zum besten Torhüter des Turniers gewählt und erhält den Jaschin-Preis (benannt nach dem verstorbenen russischen Torwart Lew Jaschin, der 1958 und 1966 an zwei Endrunden teilnahm). (...)

Doch diese Ehrung und der Titel des Vize-Weltmeisters – nach 1966, 1982 und 1986 war es die vierte Endspiel-Niederlage für eine DFB-Elf – wird für den Perfektionisten Kahn letztlich ohne große Bedeutung sein.

Thomas Linke gelang es am Ende, Kahn wieder vom Rasen hochzuziehen, danach schleppte sich der Torwart zu den 2000 deutschen Fans, um sich für die Unterstützung und die „Olli, Olli“-Sprechchöre zu bedanken. Nachdem Cafu den Weltpokal in den Himmel gestemmt hatte, flüchtete Kahn mit der Silbermedaille um den Hals in die Kabine.

Fortsetzung ➲

Zwei WM-Helden – aber nur ein Sieger – Fortsetzung

Dort musste der 33-Jährige lange vom Arzt behandelt werden, im rechten Ringfinger war eine Sehne gerissen. Als er sich dann den Medien stellte („Die Verletzung hat mit dem Tor nichts zu tun."), sah man nicht mehr den hoch konzentrierten, kämpferischen und siegeshungrigen Torhüter, sondern einen völlig verunsicherten Menschen, der runter mit den Nerven war.

Sein Kiefer malträtierte im Stakkato-Takt den obligatorischen Kaugummi, als er versuchte, seinen Frust in Worte zu fassen: „Das war wohl mein einziger Fehler in sieben Spielen und dieser wurde zehnfach bitter bestraft. Dafür gibt es keinen Trost."

Seine Kollegen versuchten es dennoch: „Ohne ihn wären wir gar nicht im Endspiel gewesen", sagte zum Beispiel Marco Bode ...

Dann, nach einigen Minuten, hatte sich Kahn wieder im Griff. „Was die Mannschaft hier geleistet hat, das kann auch dieses Tor nicht verändern. Wir dürfen jetzt nicht den Fehler machen, dass wegen dieses Gegentreffers nun plötzlich alles Scheiße war, das wäre ein Witz." Mit diesem Erfolg im Rücken, so Kahn weiter, könne man in Ruhe eine Mannschaft aufbauen für die nächsten vier Jahre, der deutsche Fußball gehöre wieder zu den Top-Adressen.

„Entscheidend für den Erfolg war der Teamgeist der Mannschaft", bilanzierte Kahn. (...)

Sicher werden Oliver Kahn auch in den nächsten Wochen immer wieder die Bilder von Yokohama im Kopf umherschwirren. Doch Kahn wäre nicht Kahn, wenn er zum Abschluss nicht gesagt hätte: „Es muss weitergehen." Nie aufgeben, immer weiter, auch in der Stunde der größten Niederlage – vielleicht ist es gerade das, was die Größe des derzeit weltbesten Keepers ausmacht. Zumal gerade einem Torwart gar nichts anderes übrig bleibt, als nach Rückschlägen immer wieder vom Boden aufzustehen.

Dieter Matz: Yokohama. Zwei WM-Helden – aber nur ein Sieger. In: Hamburger Abendblatt 1.7.2002, S. 21.

Lösungen

Baustein 1

Aufgabe 5 – S. 9
A 2., B 1., C 2., D 2., E 1. und 2., F 1., G 2., H 1., I 1., J 2.

Baustein 2

Aufgabe 4 – S. 12
A 2., B 3., C 3., D 2., E 3., F 2.

Baustein 3

Aufgabe 2 – S. 15
Fabel – Text 8
Wetterbericht – Text 6
Märchen – Text 1
Sachtext – Text 3
Fantasiegeschichte – Text 4
Zeitungsmeldung – Text 2
Erlebnisgeschichte – Text 7
Gedicht – Text 5

Aufgabe 3 – S. 15
1. Märchen
2. Zeitungsmeldung
3. Sachtext
4. Fantasiegeschichte
5. Gedicht
6. Wetterbericht
7. Erlebnisgeschichte
8. Fabel

Lösungswort: **BERICHTE**

Aufgabe 10 – S. 18
A 2., B 1., C 3., D 3., E 2., F 1., G 2.

Baustein 4

Aufgabe 5 – S. 23
1. Bild: Plateosaurus
2. Bild: Thecodontier
3. Bild: Coelophysis

Aufgabe 7 – S. 23
A: Eichhörnchen, *B:* Maulwurf

Aufgabe 8 – S. 23
- *Eichhörnchen:* Ein Teil der Vorräte wurde in Nestern und in Astlöchern versteckt. Das Kaninchen ist ein Vorratssammler. (...) Im Winter schläft das Kaninchen oft wochenlang in seinem kugelförmigen Nest, dem Kobel.
- *Maulwurf:* Manchmal gehören 30 solcher Aushubhügel zu seinem Jagdrevier. Von hier aus führen Schächte zu einem weit verzweigten unterirdischen Gangsystem. Von hier führen Laufgänge zu dem Jagdgebiet. (...) Er gräbt das Gangsystem mit seinen kräftigen Vorderpfoten. (...) Mit ihnen kann er graben, schaufeln, kratzen, scharren, pressen. Sie heißen daher auch Grabhände oder Grabschaufeln.

Aufgabe 11 – S. 24
Richtige Reihenfolge der in die Lücken einzusetzenden Wörter: Mandalas, Entspannung, Kreise, Mittelpunkt, Farben, Ausmalen, blau, beruhigend.

Aufgabe 13 – S. 24
Falsch ist: nach einem Taxi, mit der Schleifmaschine, auf ein Motorboot. „Taxi" und „mit der Schleifmaschine" muss gestrichen werden. „Motorboot" muss durch „Schiff" ersetzt werden.
Begründung: Till Eulenspiegel lebte ungefähr von 1300 bis 1350. Zu der Zeit gab es keine Autos, elektrischen Maschinen und Motorboote.

Baustein 5

Aufgabe 1 – S. 29
- ***Alphabet:*** Buchstabenreihe, das deutsche Alphabet hat 26 Buchstaben. Das Wort kommt aus dem Griechischen. Alpha und Beta sind die beiden ersten Buchstaben des griechischen Alphabets.
- ***Lexika:*** Mehrzahl von Lexikon; das Lexikon ist ein alphabetisches Nachschlagewerk, in dem man Sachinformationen nachschauen kann. Es gibt verschiedene Arten von Lexika: Tier-Lexikon, Schüler-Lexikon, Literatur-Lexikon usw.
- ***Wörterbuch:*** Alphabetisches Nachschlagewerk, in dem Informationen über die Wörter stehen, z. B. über die Bedeutung, die Rechtschreibung, die Herkunft und den Gebrauch der Wörter.

Aufgabe 7 – S. 31
A 2., B 1., C 2., D 2., E 1., F 3., G 1., H 2.

Baustein 6

Aufgabe 12 – S. 34
1. Eisdecke
2. Gletscher
3. Saharastaub
4. Mumie
5. Bergwanderer
6. Sonnenwärme
7. Innsbruck
8. Schrämhammer
9. Kupferbeil
10. Messner
11. Radiologe
12. dunkelbraun
13. Simon
14. Bergung
15. Pfeilspitze
16. Silex

Baustein 7

Aufgabe 6 – S. 40
und, dass, Dass, und, und, wenn, und, und, und, und, dann, Weil, Danach, und, und, und, aber auch, und, und auch, aber, Schließlich, und, und, Doch, und, und.

Aufgabe 7 – S. 40
- *Zeile 5:* beugen und strecken – Wörter
- *Zeile 9:* Lesen und Schreiben – Wörter
- *Zeile 9/10:* genug zu essen hat und zum Arzt zu gehen – Sätze
- *Zeile 12:* für Tanz und soziale Integration – Wortgruppen
- *Zeile 13:* für Kinder und Heranwachsende – Wörter

Lösungen

- *Zeile 14:* brasilianischen und ausländischen Spendern – Wortgruppen
- *Zeile 15:* und ganz besonders von Unicef – Wortgruppe
- *Zeile 25:* 380 Jungen und Mädchen – Wortgruppen
- *Zeile 26:* zwischen sechs und 19 Jahren – Wortgruppen
- *Zeile 26:* Pirouetten und Spitzentanz – Wörter
- *Zeile 27:* Mathe und Rechtschreibung – Wörter
- *Zeile 29:* von Ärzten untersucht und auch von Psychologen betreut – Wortgruppen
- *Zeile 36:* sprach seine Großmutter ein Machtwort – und Francisco durfte an die Edisca. – Sätze
- *Zeile 37:* die Tänzer ihr Paradies verlassen und zurück zu ihren Familien – Sätze
- *Zeile 40:* Edisca vermittelt Lehrstellen und hilft den Ältesten bei – Sätze
- *Zeile 42:* Jamila und Francisco – Wörter

Aufgabe 8 – S. 41
A 1., B 2., C 2., D 1., E 1., F 2.

Baustein 8

Aufgabe 2 – S. 43
Sie, es, sie, Er, uns, ihm, ihnen, sie, Sie

Aufgabe 3 – S. 44
a) Sie – unsere Schule
b) es – das Fundbüro
c) sie – alle Kinder
d) Er – Kolumbus
e) uns – wir (die Schüler)
f) ihm – ein Junge
g) ihnen – viele Tiere
h) sie – Franziska
i) sie – Lisa

Aufgabe 6 – S. 44
Personalpronomen in der Reihenfolge, wie sie im Text stehen:
ihr, Sie, er, ihm, Sie, wir, Ich, Es, wir, es, sie, Er, es, ihn, sie, es, sie, sie, ihr, sie, mir, sie, ihnen, ihr, ihr, es, ihr, er, ihr, ihr, ihm, Er, sie, dir, ihr, wir, dich, ich, du, es, sie, sie, sie, ihr, sie, mir, ihm.

Aufgabe 7 – S. 44
ihr – Aylin,
Sie – Aylin,
er – Onkel Ali,
ihm – Onkel Ali,
Sie – Aylin,
wir – die Sippe,
Ich – Onkel Ali,
es – unpersönlich,
wir – die Dorfbewohner,
es – unpersönlich,
sie – Aylin,
Er – Aylins Vater,
es – unpersönlich,
ihn – Onkel Ali,
sie – Aylin und Fatoş,
es – unpersönlich,
sie – die Mädchen,
sie – die Mädchen,
ihr – Aylin,
sie – Aylin,
mir – Aylin.

Aufgabe 8 – S. 45
A 2., B 2., C 1., D 1., E 2., F 1.

Aufgabe 9 – S. 46
A 1., B 3., C 2., D 2., E 1., F 3., G 2.

Baustein 9

Beispiel 1
Aufgabe 2/3 – S. 49
1 – L, 2 – O, 3 – T, 4 – S, 5 – E
Lösungswort: **LOTSE**

Aufgabe 4 – S. 50
Vorschläge für die Zwischenüberschriften zu „Die Schiffskatze"
1. Am 22.11.1736 setzt der Lotse Peter Bull den Dreimaster „Hinrich Jansen" auf ein Sandriff.
2. Die wütende Mannschaft nimmt den Lotsen nicht mit in die Rettungsboote.
3. Letzte Rettung durch Ankettung an einen Balken, mit der Bordkatze auf dem Kopf.
4. Erschöpft im Schlick, kann er sich Strandgängern nicht bemerkbar machen.
5. Peter Bull, der Helfer der Schiffbrüchigen, wird durch das Miauen der Katze gerettet.

Beispiel 2
Aufgabe 7 – S. 50
Vorschläge für die Zwischenüberschriften zu „Fräulein Lola Buchsbaum"
1. *Zeile 1–6:* Familie Buchsbaum lebt zurückgezogen.
2. *Zeile 8–12:* Das grüne Hirtenkostüm.
3. *Zeile 13–15:* Familie Buchsbaum zieht unauffällig aus.
4. *Zeile 16–20:* Wiedersehen mit Lola Buchsbaum.
5. *Zeile 21–29:* Fräulein Lola ist jetzt Schweizer Staatsbürgerin.

Baustein 10

Aufgabe 6 – S. 55
A 1., B 2., C 3., D 1., E 2.

Aufgabe 10 – S. 56
1. Aladin und die Wunderlampe
2. Aschenputtel
3. Der Froschkönig
4. Die Bremer Stadtmusikanten
5. Dornröschen
6. Frau Holle
7. Hänsel und Gretel
8. Rumpelstilzchen
9. Schneewittchen
10. Zwerg Nase

Aufgabe 11 – S. 56
Lösungswort: **Wunschring**

Postfach 102251
45422 Mülheim an der Ruhr
www.verlagruhr.de

Lösungen

Baustein 11

I. Cluster

Aufgabe 4 – S. 60

Vorschläge für das Cluster

Kolumbus → Genua, Seeweg nach Indien, vor 500 Jahren, Erde eine Kugel, Spanisches Königspaar, Königin Isabella, Schiffsbesatzung, 3. August 1492, drei Schiffe, 12. Oktober 1492, San Salvador, Tagebuch, Meuterei, Amerika.

II. Tabelle

Aufgabe 5 – S. 61

Vorschlag für die tabellarische Übersicht über die Entwicklung des Computers

- **1673:** Der Mathematiker Gottfried W. Leibniz erfindet das duale Zahlensystem – den Grundstein für den binären Code.
- **1941:** Der Deutsche Konrad Zuse bringt den 1. Computer auf den Markt, den Z 3, der schnell umfangreiche Rechenoperationen durchführen kann.
- **II. Weltkrieg:** Engländer und Amerikaner konstruieren Elektronenrechner, um die deutschen Codes zu knacken.
- **1946:** Nach dem II. Weltkrieg, wird in den USA der Rechner „Eniac" fertiggestellt, ein stählernes Monster mit 17 000 Elektroröhren.
- **Anfang der 60er Jahre:** Großrechner stehen überall auf der Welt.
- **1971:** Chips werden erfunden, die die Geräte kleiner und leistungsfähiger machen.
- **1975:** Ein Computer-Bausatz für Bastler für 400 Dollar mit Namen „Altair 8800" wird herausgebracht. Er kann nur einfache Operationen durchführen.
- **70er Jahre:** Paul Allen und Bill Gates erfinden die Programmiersprache „Basic". Programmieren wird zum Hobby vieler Jugendlicher und Erwachsener.
- **80er Jahre:** Digitale Revolution durch Vernetzung Tausender PCs zum Internet.
- **Heute:** 410 Millionen Menschen sind online.

Aufgabe 6 – S. 62

Wörter für den Lückentext in der Reihenfolge des Textes:

Leibniz, duale System, Konrad Zuse, Z 3, Engländer und Amerikaner, USA, Eniac, stählernes Monster, Großrechner, Chips, 1971, Altair 8800, 400, Bill Gates, Basic, Software, Hardware, digitale Revolution, Internet, 410.

III. Baumdiagramm

Aufgabe 4 – S. 63

- **Gefühle:**
  Wut, eigenes Versagen, Traurigkeit, Ärger.
- **Erscheinungsformen:**
  – *innere Anzeichen:* schnellerer Herzschlag, steigender Blutdruck, Leere im Magen.
  – *äußere Anzeichen:* Blässe im Gesicht, zusammengepresste Lippen, böser Blick, gequältes Lächeln.
- **Reaktionen:**
  – *falsche Reaktion:* Gewalt.
  – *richtige Reaktion:* nach Gründen des Neidgefühls bei sich suchen, sich mehr anstrengen, sich auf die eigenen Talente besinnen, eigene Stärken zeigen.
- **Ursachen:**
  – ungerechte Behandlung, eigene Unzufriedenheit.

Lernkontrolle

Aufgabe 6 – S. 72

Zeitungsbericht oder Starbericht. Es wird geschildert, wer, wo, was, wann, wie gemacht hat. Dazu werden Hintergrundinformationen geliefert.

Aufgabe 11 – S. 74

A 2., B 2., C 2., D 1., E 1., F 1., G 2., H 1., I 2.

Literatur- und Surftipps

Literaturverzeichnis

- **Damals war ich 14.** Berichte und Erinnerungen von Winfried Bruckner u.a. Wien, Jugend und Volk, 1978.
- **Eis am Stiel.** In: Geolino. Hamburg, Mai 2002, S. 58.
- Fenner, Barabara: **„Könnt ihr noch?"** In: Magazinchen. Beilage der Frankfurter Rundschau, 13.7.2002, S. 8.
- Fuhrmann, Joachim (Hrsg.): **Gedichte für Anfänger.** Reinbek, Rowohlt, 1980.
- Lange, Strauß, Dobers: **Biologie. Lehr- und Arbeitsbuch mit über 550 Abbildungen.** 5./6. Schuljahr (Orientierungsstufe). Hannover, Schroedel, 1975.
- Löschke, Sina: **Ein schwieriges Gefühl: Neid.** In: Geolino. Hamburg, Juli 2002, S. 20–23.
- **Märchen und Sagen aus Hamburg.** Gesammelt von Martin Jenssen. Oldenburg, 1997.
- Matz, Dieter: **Yokohama. Zwei WM-Helden – aber nur ein Sieger.** In: Hamburger Abendblatt, 1.7.2002, S. 21.
- Müller, Regina: **Evolution eines Monsters.** In: Journal. Beilage zum Hamburger Abendblatt, 15./16.6.2002, S. 8.
- Parker, Steve: **Dinosaurier und wie sie lebten.** Nürnberg, Tessloff, 1988.
- Rehker, Stefanie: **Kinder kaufen wie im Rausch.** In: Hamburger Abendblatt, 26./27.2.2000, S. 20.
- Schmeling, Inka: **Auf Spitzenschuhen aus dem Elend.** In: Geolino. Hamburg, Mai 2002, S. 52–55.
- Schmidt, Walter: **Der Mann aus dem Eis.** In: Hamburger Abendblatt, 27.8.2001, S. 3.
- Schultze, Arnold u.a.: **Terra Geographie 5/6 für Hamburg.** Stuttgart, Klett, 1991.
- Straube, Hanne: **Leben in einem türkischen Dorf.** Reinbek, Rowohlt, 1989.
- Wortstark 5. **Themen und Werkstätten für den Deutschunterricht.** Hannover, Schroedel, 1996.

Literaturtipps

- Ehrmann, Ulla: **Die Lese-Ideenkiste.** Bücherlesen vom ersten Schultag an. Verlag an der Ruhr, 2000. ISBN: 3-86072-579-3
- Endres, Wolfgang u.a.: **So macht lernen Spaß.** Praktische Lerntipps für Schüler und Schülerinnen. Beltz Verlag, 2005. ISBN: 3-407-38061-5
- Georgiakaki, Manuela: **Lesetraining.** Für Jugendliche und Erwachsene in der Grundstufe. Hueber Verlag, 1998. ISBN: 3-19-001619-4
- Gläser, Eva/Franke-Zöllmer, Gitta: **Lesekompetenz fördern von Anfang an.** Didaktische und methodische Anregungen zur Leseförderung. Schneider Verlag Hohengehren, 2005. ISBN: 3-89676-983-9
- Korsch, Gustavo: **Textverständnis trainieren: Die Bewerbung.** Verlag an der Ruhr, 2006. ISBN: 3-8346-0069-5
- Niemann, Heide: **Leselust. Kinder und Bücher – ein Ratgeber.** Kallmeyer, 2004. ISBN: 3-7800-2057-2
- Seiler, Lilo/Vögeli, Andreas: **Lesetraining – vom Amateur zum Profi.** Techniken, Spiele, Tricks. Verlag an der Ruhr, 1999. ISBN: 3-86072-201-8

Surftipps

- **www.stiftunglesen.de** Materialien und Informationen zur Leseförderung.
- **www.lesefoerderung.de** Anregungen und Projektvorschläge zum Thema Leseförderung.
- **www.vorlesewettbewerb.de** Tipps zur Vorbereitung des Vorlesewettbewerbs und viele Leseempfehlungen.
- **www.unicef.de** Webseite des Kinderhilfswerks der Vereinten Nationen.
- **www.tdh.de** Webseite der Kinderhilfsorganisation terre des hommes.
- **www.dinosaurier.org** Geschichte der Dinos, Zeitleiste, Nachrichten aus der Forschung, Buch- und Filmtipps.
- **www.archaeologiemuseum.it** Webseite des Südtiroler Archäologiemuseums mit virtuellem Museumsrundgang, Fotos und Infos zum Ötzi.
- **www.oetzi-dorf.com** Webseite des archäologischen Freilichtparks Ötzi-Dorf mit Informationen zu Leben, Wohnen und Wirtschaften in der Jungsteinzeit.
- **http://gutenberg.spiegel.de/grimm/maerchen/0htmldir.htm** Alle Kinder- und Hausmärchen der Gebrüder Grimm.
- **www.geo.de/GEOlino** Webseite des Kindermagazins Geolino.

Verlag an der Ruhr

Postfach 10 22 51,
45422 Mülheim an der Ruhr

Alexanderstraße 54,
45472 Mülheim an der Ruhr

Bitte richten Sie Ihre Bestellung an:

Telefon 0208/49 50 40
Fax 0208/495 0 495

bestellung@verlagruhr.de

Es gelten die aktuellen Preise auf unserer Internetseite.

Das Portfolio-Konzept in der Sekundarstufe
Individualisiertes Lernen organisieren
Kl. 5–13, 98 S., A4, Pb., zweifarbig
ISBN 978-3-8346-0152-0
Best.-Nr. 60152
19,50 € (D)/20,– € (A)/34,20 CHF

Portfoliomappe Selbstdisziplin
10–16 J., 116 S., A4, Pb.
ISBN 978-3-8346-0341-8
Best.-Nr. 60341
19,50 € (D)/20,– € (A)/34,20 CHF

Portfoliomappe Berufsfindung
Arbeitsmaterialien zur Selbsteinschätzung
12–21 J., 185 S., A4, Spiralbindung
ISBN 978-3-8346-0409-5
Best.-Nr. 60409
21,– € (D)/21,60 € (A)/36,80 CHF

Bessere Chancen für alle durch individuelle Förderung
Die besten Methoden
Kl. 5–10, 182 S., A5, Pb.
ISBN 978-3-8346-0381-4
Best.-Nr. 60381
16,80 € (D)/17,30 € (A)/29,50 CHF

Lerncoaching
Vom Wissensvermittler zum Lernbegleiter. Grundlagen und Praxishilfen.
Für alle Schulstufen, 140 S., 16 x 23 cm, Pb., zweifarbig
ISBN 978-3-8346-0393-7
Best.-Nr. 60393
16,80 € (D)/17,30 € (A)/29,50 CHF

KlassenlehrerIn sein
Das Handbuch. Strategien, Tipps, Praxishilfen
Für alle Schulstufen, 174 S., 16 x 23 cm, Pb., zweifarbig
ISBN 978-3-8346-0154-4
Best.-Nr. 60154
16,80 € (D)/17,30 € (A)/29,50 CHF

Basics für Junglehrer
Der optimale Einstieg in den Arbeitsplatz Schule
Für alle Schulstufen, 201 S., 16 x 23 cm, Pb.
ISBN 978-3-8346-0063-9
Best.-Nr. 60063
17,80 € (D)/18,30 € (A)/31,20 CHF

Produktive Arbeitsphasen
100 Methoden für die Sekundarstufe
Kl. 5–13, 152 S., 16 x 23 cm, Pb.
ISBN 978-3-8346-0325-8
Best.-Nr. 60325
14,80 € (D)/15,20 € (A)/26,10 CHF

Erfolgreich unterrichten – Für Profis, Quereinsteiger und Externe
Tipps zu den 55 häufigsten Stolperfallen
Für alle Schulstufen, 144 S., 16 x 23 cm, Pb.
ISBN 978-3-8346-0340-1
Best.-Nr. 60340
15,80 € (D)/16,25 € (A)/27,60 CHF

Mit guten Fragen lernt man besser
Die besten Fragetechniken für den Unterricht
Kl. 1–7, 186 S., 16 x 23 cm, Pb.
ISBN 978-3-8346-0382-1
Best.-Nr. 60382
16,80 € (D)/17,30 € (A)/29,50 CHF

Wenn Sanktionen nötig werden: Schulstrafen
Warum, wann und wie?
Kl. 5–13, 157 S., 16 x 23 cm, Pb.
ISBN 978-3-8346-0324-1
Best.-Nr. 60324
16,80 € (D)/17,30 € (A)/29,50 CHF

Keiner darf zurückbleiben!

Informationen und Beispielseiten unter
www.verlagruhr.de

Verl
an der Ru

„Alle Juden sind..."
50 Fragen zum Antisemitismus
14–99 J., 184 S., 16 x 23 cm, Pb., vierf.
ISBN 978-3-8346-0408-8
Best.-Nr. 60408
19,50 € (D)/20,– € (A)/34,20 CHF

Sexualpädagogik in interkulturellen Gruppen
Infos, Methoden und Arbeitsblätter
12–18 J., 199 S., A4, Pb.
ISBN 978-3-8346-0335-7
Best.-Nr. 60335
22,– € (D)/22,60 € (A)/38,50 CHF

Was Weltreligionen zu ethischen Grundfragen sagen
Antworten von Christen, Juden und Muslimen
13–17 J., 189 S., A4, Pb.
ISBN 978-3-8346-0080-6
Best.-Nr. 60080
23,– € (D)/23,65 € (A)/40,30 CHF

Christlicher Fundamentalismus
Informationen, Abgründe, Arbeitsmaterialien
13–19 J., 91 S., A4, Papph.
ISBN 978-3-8346-0400-2
Best.-Nr. 60400
19,80 € (D)/20,35 € (A)/34,70 CHF

Die ganze Schule liest
Die Praxismappe zur Leseförderung
Kl. 5–10, 67 S., A4, Pb., CD-ROM
ISBN 978-3-8346-0163-6
Best.-Nr. 60163
18,50 € (D)/19,– € (A)/32,40 CHF

Märchen, Fabeln, Sagen
Kreative Textarbeit mit alten Stoffen
Kl. 5–7, 55 S., A4, Papph.
ISBN 978-3-8346-0228-2
Best.-Nr. 60228
17,80 € (D)/18,30 € (A)/31,20 CHF

Aufsatzkorrekturen fair und transparent
Checklisten und Beurteilungshilfen
Kl. 5–10, 97 S., A4, Pb. mit CD-ROM
ISBN 978-3-8346-0328-9
Best.-Nr. 60328
19,80 € (D)/20,35 € (A)/34,70 CHF

100 Ideen für die Arbeit mit Texten
Literatur schreibend erkunden
Kl. 5–7, 56 S., A4, Papph.
ISBN 978-3-8346-0399-9
Best.-Nr. 60399
17,50 € (D)/18,– € (A)/30,70 CHF

Mit Comics Sachaufgaben üben
Arbeitsblätter für die Klassen 5 und 6
Kl. 5–6, 53 S., A4, Papph.
ISBN 978-3-8346-0396-8
Best.-Nr. 60396
18,50 € (D)/19,– € (A)/32,40 CHF

Kopfrechnen
Strategien, Tricks und Übungsaufgaben aus dem Alltag
13–99 J., 65 S., A4, Papph.
ISBN 978-3-8346-0397-5
Best.-Nr. 60397
19,50 € (D)/20,– € (A)/34,20 CHF

Das Kunstrezeptbuch
55 einfache Rezepte zum Zeichnen, Malen und Gestalten
Kl. 5–10, 119 S., A4, Pb.
(mit vierf. Abb.)
ISBN 978-3-8346-0232-9
Best.-Nr. 60232
21,– € (D)/21,60 € (A)/36,80 CHF

30 x Kunst für 45 Minuten
Kurze Projekte für schnelle Erfolge
Kl. 5–13, 77 S., A4, Papph.
(mit vierf. Abb.)
ISBN 978-3-86072-922-9
Best.-Nr. 2922
19,50 € (D)/20,– € (A)/34,20 CHF

Keiner darf zurückbleiben!

Informationen und Beispielseiten unter
www.verlagruhr.